MUSÉE LITTÉRAIRE DU SIÈCLE, A 20 CENTIMES LA LIVRAISON

EUGÈNE SCRIBE

LA

MAITRESSE ANONYME

Prix : 30 cent.

PARIS
MICHEL LÉVY FRÈRES, LIBRAIRES-ÉDITEURS
RUE VIVIENNE, 2 BIS
BUREAUX DU JOURNAL LE SIÈCLE, RUE DU CROISSANT, 16
1853

LA
MAITRESSE ANONYME

PAR

EUGÈNE SCRIBE.

I.

Si je vous apprends, ami lecteur, que j'ai acheté une petite propriété dans la Brie, cette nouvelle vous intéressera fort peu, sans doute; si j'ajoute que j'ai eu l'imprudence d'y faire bâtir, que les maçons, les charpentiers, les entrepreneurs, et surtout les devis faits en conscience m'ont presque ruiné, il y a une grande chance que ce malheur vous sera totalement indifférent; je vous confierais même, en secret, que mes constructions ne sont pas encore achevées, et que, pour la régularité d'un si bel édifice, il ne manque rien qu'une aile droite; cet aveu qui me coûte beaucoup, vous laisserait froid et impassible, et ne vous ferait pas un instant interrompre la lecture du volume que vous tenez en ce moment. Mais si je vous disais, mon insensible lecteur, que ce corps de bâtiment arriéré, que cette aile absente, il faut absolument que ce soit vous qui la payiez, peut-être l'imprévu de cette annonce vous engagerait-il à me prêter quelque attention, et dès mon début j'aurais excité votre curiosité, votre intérêt, et surtout votre effroi, seul but que se proposent, de nos jours, les faiseurs de Nouvelles et de Romans. J'étais donc dans ma cour, assis sur une pierre, regardant tristement la place qu'occuperait si bien mon aile droite, quand elle serait élevée, si jamais elle s'élevait... lorsque je sentis une main me frapper sur l'épaule, et une voix jeune et joyeuse s'écrier : Bonjour, mon voisin ! C'était Georges Lisvard, mon voisin de campagne, que je connaissais à peine, car arrivé depuis quelques mois dans le pays et vivant toujours avec ses ouvriers, je n'avais encore fait de visites à personne ; mais avec Georges la connaissance n'était pas longue à faire. Il avait une de ces heureuses et aimables physionomies qui appellent le plaisir et la confiance. La première fois qu'on le voyait, on était son ami, et dès la seconde on ne pouvait plus se passer de lui, plein de franchise et de gaieté, insouciant de l'avenir, et heureux du présent, sans ambition malgré sa jolie figure, il n'y avait pas de mère qui n'eût été fière d'un tel fils, pas de sœur qui ne fût heureuse d'un tel frère. Entré de bonne heure à l'Ecole polytechnique, il en avait été l'un des élèves les plus distingués ; officier d'artillerie, il s'était fait remarquer au siège d'Anvers, seule occasion de gloire qui lui eût encore été offerte, et il renonça à son métier revenu il passait auprès de sa vieille mère ses jours de repos et de congé. Quand il s'agit d'établir sa sœur, il déclara qu'il ne savait que faire de sa fortune, qu'il était trop riche avec sa paye de lieutenant d'artillerie, et il renonça à son modeste patrimoine en faveur de sa sœur Hélène, qui, grâce à ce supplément de dot, fit un assez beau mariage. Je voulus une fois parler de ce trait-là à Georges, qui haussa les épaules et me tourna le dos ; c'est le seul jour où je l'aie vu malhonnête. Arrivé depuis quelques jours dans notre voisinage, chez sa mère, il venait de temps en temps visiter ma bibliothèque, la seule qui existe dans la commune de Bussières, et dessiner nos points de vue, car Georges dessine, et même peint très-bien. — Qu'avez-vous? me dit-il. Pourquoi cet air soucieux? Je lui racontai alors, ce que je vous disais à l'instant même, mon cher lecteur, et comment je cherchais les moyens de faire achever au public mes constructions commencées. — Quoi ! sérieusement, vous croyez qu'il paiera vos ouvriers ? — Il est assez grand seigneur et assez généreux pour cela ! Il paie toujours ; mais seulement quand on l'amuse; or, l'amuser devient chaque jour plus difficile. Aussi il me faudrait pour lui, dans ce moment, et c'est ce que je ne puis trouver, quelque sujet bien neuf, bien piquant, bien original. — Un sujet de quoi ? — Un sujet de roman, de comédie, d'opéra... — Quoi ! avec des opéras on bâtit des maisons. — Pourquoi pas ? témoin mon ami Auber qui en a deux rue Saint-Georges... — Dont il éleva les murailles, comme Amphion, avec sa lyre ! — Avec son talent ! ce qui est moins mythologique. — Vous avez raison, ce n'est plus là de la fable... Eh bien ! si j'avais, moi, un sujet d'opéra à vous donner ?... — Vous, mon cher voisin, est-il possible ? — Quand je dis d'opéra... c'est peut-être une niaiserie ! — C'est souvent la même chose. — Ou bien une tragédie, une comédie, un roman,... je n'en sais rien.

1852

— Dites toujours.
— Ce que je sais... c'est que c'est original... bizarre, incompréhensible.
— C'est ce qu'il faut !
— Et que cela n'a pas le sens commun !
— C'est un succès, mon cher ami, un grand succès ! Parlez, vous redoublez mon impatience.
— C'est une histoire qui m'est arrivée.
— A vous?
— A moi... dans ma jeunesse.
— Vous n'êtes cependant pas si vieux.
— Il y a cinq ou six ans... j'en suis le héros ; mais l'aventure est un peu longue, et je ferais mieux de ne pas la commencer aujourd'hui, car il est tard et j'ai à midi une affaire importante que je ne puis remettre...
— Il n'est que onze heures et demie, et je vous promets dans une demi-heure de vous rendre votre liberté.
— Bien vrai ?
— Je vous le jure !
— J'y compte.

Nous nous assîmes alors dans un endroit écarté du parc, au bord de ma rivière, près d'une cascade dont l'eau claire et limpide tombe sur un lit de cailloux, et s'enfuit à travers mon bois jusqu'à la vallée du *Petit Morin*, lieu enchanté, qui rappelle la Suisse dans les petits cantons ! vallée délicieuse, qui jouirait de la plus haute renommée, si les coteaux verdoyans qui l'entourent se nommaient Glaris ou Appenzell, mais que le voyageur regarde à peine parce qu'elle est à vingt lieues de Paris et à trois lieues de la Ferté-sous-Jouare.

Georges, mon jeune ami, n'était pas de ces gens-là, car, d'un œil ému et animé, contemplant cette prairie verdoyante, la source argentée qui l'arrose et qui baigne le pied d'un temple rustique où j'ai gravé ces mots :

Verts gazons ! clair ruisseau ! près de vos bords chéris,
Le plus que vous pourrez, retenez mes amis !

— Vous ne pouviez choisir, me dit-il, un endroit qui cadrât mieux avec l'histoire que je vous ai promise. Cette jeune verdure, cette riante campagne, ce temple dédié à l'amitié et les rayons de ce beau soleil qui en ce moment l'éclaire, me rappellent et me rendent toutes les idées que j'avais il y a six ou sept ans, quand je sortis du collège. Que tout est beau, le matin, au soleil levant !... Le monde où j'allais entrer s'offrait à moi, paré de tant de charmes et d'espérances ! Je m'étais persuadé, comme beaucoup de jeunes gens de mon âge, que je ne devais y rencontrer que des amis, des succès, et surtout des conquêtes. Oui, monsieur, je l'avoue franchement, c'était là ce qui m'occupait le plus.

Nous lisions beaucoup au collège, et les livres que nous dévorions en cachette n'avaient pas tous été approuvés par le conseil de l'Université. Il y en avait un surtout, bien amusant et bien dangereux pour de jeunes têtes comme les nôtres, un livre où tout est attrayant, peut-être parce que tout y est faux, parce que ni les femmes, ni les jeunes gens, ni la société, n'ont jamais existé comme ils y sont représentés ; sentimens, mœurs, caractères, rien n'est possible... tout y est d'imagination, et c'est ce qui séduisait la nôtre...

— Vous voulez parler du roman de *Faublas*.
— Précisément... un ouvrage classique... car vous le trouverez dans toutes les classes, depuis la quatrième jusqu'à la philosophie. Il est si agréable de voir de grandes dames... se jetant à la tête d'un petit jeune homme de dix-sept ans... sans que celui-ci ait besoin de mérite, de talens, ou de considération... Au contraire, inutile à lui de s'occuper de son état, de se livrer à des études, ou à des travaux assidus ; l'amour se chargera de sa réputation, de son bonheur et de son avancement... Aussi, et comme tous mes camarades me répétaient que j'étais bien fait, que j'avais une jolie figure, une figure de demoiselle... Je vous demande pardon de vous dire ces choses-là... Mais quand on raconte...
— Vous avez raison... cela d'ailleurs se voit de reste.
— Je vous prie de croire, me dit Georges en rougissant, que je n'ai plus ces idées-là... je parle d'un temps si éloigné !... il y a sept années... j'étais alors bien sot, bien fat, bien absurde, je croyais que je n'aurais qu'à jeter le mouchoir. Aussi je m'étais promis de ne m'adresser qu'à des marquises, des comtesses... peut-être des princesses, si l'occasion se présentait... mais décidé dans aucun cas, et sous aucun prétexte, à ne jamais descendre au-dessous des baronnes ! Hélas ! de cruels désappointemens m'attendaient ! !

A ma sortie du collège, je m'établis modestement chez ma mère, me préparant, pour lui faire plaisir, à mes examens de l'École Polytechnique, mais persuadé que ces travaux ne me serviraient jamais à rien, réservé que j'étais à de plus hautes et de plus brillantes destinées. Malheureusement je ne voyais pas trop les moyens de les réaliser ; la société de ma mère se composait de belle et bonne bourgeoisie, de quelques parentes à nous, des cousines assez gentilles, femmes d'avoués ou de négocians ; mais des grandes dames... Il fallait pour les connaître être répandu dans le grand monde ! Et où existait le grand monde? qui m'y aurait mené ? qui m'y aurait reçu?

C'était au commencement de 1830, sous la Restauration, au moment où les anciens noms et les anciennes familles brillaient du plus vif éclat. Le milliard de l'indemnité avait rendu à l'aristocratie nobiliaire son luxe et ses richesses ; quant à son bon ton, à son élégance et à sa fierté,... elle ne les avait jamais perdus.

Et comment, moi pauvre écolier et jeune homme inconnu, être admis familièrement dans ces nobles hôtels, sanctuaire de mes divinités ?

Cette réflexion que je n'avais pas faite, me déconcertait singulièrement, mais ne diminuait en rien mon humeur conquérante. J'étais sûr, ce premier obstacle franchi, de me faire remarquer et de fixer les regards. Vous voyez, monsieur, que je ne manquais ni de présomption ni d'orgueil, et voilà pourquoi je vous raconte mon histoire, ce sera une expiation ? Je cherchais donc constamment les moyens de rapprocher les distances, de voir de près, de coudoyer ce grand monde jusque là inaccessible, et à force de chercher, je trouvai un expédient qui vous semblera bien simple, et qui me coûtait bien cher ! J'allais tous les soirs au Théâtre-Italien ; c'était le rendez-vous de la haute société, le salon fashionable où se réunissaient les gens de la cour, et où étaient admis les gens comme il faut. Une stalle d'orchestre que je louai me donna ce privilège. Et comme le cœur me battit la première fois que je m'assis dans cette arène brillante ! comme mes yeux incertains et éblouis se promenaient avec ivresse sur tant de richesses, d'élégance et de beautés ! Toutes les loges étincelaient de parures, de diamans et de duchesses. Toutes n'étaient pas jeunes, toutes n'étaient pas belles, mais je les voyais à travers leurs titres, et toutes me semblaient nobles, distinguées et charmantes.. Dans l'entr'acte je me promenais au foyer, dans les corridors, je m'arrêtais aux portes de leurs loges presque toujours ouvertes. A la fin du spectacle j'étais sous le vestibule, à les voir descendre, j'étais près d'elles, je touchais presque leurs châles aux longs plis, ou leurs robes de gaze ; je les regardais monter en voiture, m'en retournais à pied, et le surlendemain je recommençais. Ma mère s'effrayait de mon goût pour la musique italienne et des dépenses qui en étaient la suite. Je dois dire que cette musique m'ennuyait à périr, mais je n'en convenais pas, n'ayant point de rapport que j'eusse avec beaucoup de ses nobles habitués. J'avais troqué ma stalle d'orchestre contre une stalle de balcon pour être plus en vue, et personne ne me regardait, pas même mes voisins, qui ne s'occupaient pas plus de moi que de la pièce, et qui, pour se montrer, passaient la soirée à saluer les personnes de leur connaissance.

Un soir, je vis entrer dans une loge de face une personne charmante que je n'avais pas encore vue, une jeune fille de quinze à seize ans, gracieuse et fraîche comme la couronne de roses qu'elle portait sur sa tête... Je demandai timidement à mon voisin de gauche qui elle était : — La petite duchesse, me répondit-il sans me regarder et en le lorgnant. — Quelle duchesse ? demandai-je avec les mêmes égards à mon voisin de droite. — La dernière présentée.... vous savez... et il garda le silence. Vous comprenez bien que pour rien au monde je n'aurais avoué mon ignorance, et je répondis par un sourire d'homme au fait, qui voulait dire : Je connais parfaitement.

Quelques momens après, entra dans la loge de la jeune et jolie duchesse, un grand monsieur, maigre, sec, l'œil dur, la tête poudrée et portant soixante ans au moins, quoique la poudre, dit-on, rajeunisse. Mon voisin, qui saluait tout le monde, ne perdit pas une si belle occasion, il se courba vivement et à plusieurs reprises vers le grand homme sec qui lui répondit par un salut lent et mesuré comme la statue du commandeur dans *Don Juan*, puis sortit de la loge avec la même gravité. — Il va faire le whist du roi, dit mon voisin de droite. — C'est pour cela qu'il laisse sa femme avec la vieille marquise, répliqua mon voisin de gauche.

Sa femme, me dis-je en moi-même avec effroi... sa femme! Cette jeune et jolie personne!!... Et ce maudit roman de *Faublas* se représentant à mon esprit, je pensai malgré moi à la si gentille et si piquante madame de Lignolles! Toutes mes illusions revinrent, tous mes rêves recommencèrent. Je me regardais comme destiné à défendre, à venger cette victime... de l'orgueil et des préjugés ; seulement je l'aurais désirée triste et mélancolique, et je la voyais souvent rire, ce qui m'affligeait ; mais elle était si bien du reste, qu'on pouvait pardonner ce seul défaut à tant de perfections. Aussi, entraîné, fasciné et comme sous le charme, je la suivis malgré moi, et à la sortie du spectacle, je me trouvai sous le vestibule près d'elle et de la vieille marquise, pendant que ces dames attendaient leur voiture, qui, grâces au ciel, fut une des dernières ; la duchesse m'avait paru charmante de loin, mais de près elle était bien mieux encore. C'étaient des traits si fins, si délicats, un éclat de jeunesse et de beauté qui faisait plaisir à voir comme un premier jour de printemps ; et puis il y avait tant d'esprit et de malice dans ses grands yeux noirs! Par malheur, enveloppée dans sa pelisse de satin blanc garnie d'hermine, elle ne disait mot ; mais elle souriait, pendant que sa respectable compagne s'impatientait contre sa voiture, qui n'arrivait pas, mais qui, hélas ! parut enfin. On l'annonça ; ces dames sortirent : je les suivis sans y penser.

Il faisait un temps affreux ; la pluie tombait par torrens, et, malgré l'auvent protecteur de la rue de Marivaux, il y avait encore jusqu'à la voiture un trajet de deux ou trois pas qu'effraya ces dames, car elles s'arrêtèrent.

Dans cette foule dorée qui les entourait, j'étais le seul peut-être qui eût un parapluie! parapluie que je n'eusse probablement pas avoué, si j'avais eu le temps de la réflexion ; mais n'écoutant que mon premier mouvement, je l'ouvris et l'offris généreusement, bourgeoisement à la vieille marquise, puis je revins à ma jeune duchesse, qui, embarrassée dans sa pelisse, qu'elle relevait, pouvait à peine marcher. D'une main, j'élevais le parapluie au-dessus de ses cheveux et de sa couronne de roses ; de l'autre, j'osai la soutenir, l'aider à monter en voiture... et je ne vous parle pas du petit soulier de satin blanc, ni du pied ravissant, ni de la jambe admirable que j'aperçus à la lueur du gaz, parce qu'en ce moment elle m'adressait un remercîment et un sourire enchanteurs, qui m'avaient fait tout oublier. Je passai derrière la voiture, puis, par instinct, je me rapprochai de la portière à droite, dont la glace était baissée, et pendant que les laquais relevaient le marche-pied de la portière à gauche, j'entendis les mots suivans : c'était la duchesse qui parlait :

—*Un joli cavalier, une charmante tournure*, disait-elle.

Oh! que sa voix était douce! j'étais là debout dans la rue, presque sous la roue de la voiture, écoutant et respirant à peine.

—*Connaissez-vous ce beau jeune homme?*...... continua-t-elle.

La pluie tombait sur moi, et j'avais les pieds dans un fleuve ; je ne voyais rien... je ne sentais rien... j'écoutais...

L'autre répondit dédaigneusement : *Est-ce que l'on connaît ça... Il vient tous les soirs aux Italiens.*

—*Pourquoi?*

—*Je vais vous le dire...*

En ce moment le cocher fouetta ses chevaux ; le laquais monta à son poste, la voiture s'ébranla et je manquai d'être écrasé. Je n'y fis seulement pas attention, pas plus qu'au rhume de cerveau et de poitrine que je rapportai à la maison et dont ma pauvre mère était mortellement inquiète, tandis que moi, j'étais ravi, enchanté. Je ne dormis pas ; j'avais la fièvre et je passai la journée suivante dans un état d'ivresse continuelle. Tous mes rêves étaient réalisés... Mon roman commençait... J'adorais cette femme... je me serais tué pour elle, oui, monsieur ; je n'ai jamais éprouvé dans ma vie rien de plus vif et de plus délirant que ces premières vingt-quatre heures de passion... Heureusement elles n'ont pas eu de lendemain, les forces humaines n'y auraient pas résisté.

— Comment, m'écriai-je, pas de lendemain!

— Si vraiment, reprit Georges, mais vous allez voir lequel.

A cet endroit du récit, l'horloge de la paroisse de Bussières sonna midi ; Georges poussa un cri : Ah! je serai en retard ; adieu, me dit-il en courant.

— Et la suite de votre histoire?

— A demain, me dit-il ; et il disparut.

II.

Le lendemain, Georges fut exact au rendez-vous et continua son récit en ces termes :

C'était un jeudi ; on donnait *la Sémiramide;* mais n'importe ce qu'on aurait donné : vous vous doutez bien que, malgré mon rhume, ma fièvre, et ma mère qui voulait me retenir... j'étais là le premier, à ma stalle de balcon, avant que les rampes fussent levées, ce qui, déjà, était bien mauvais genre ; mais personne ne me voyait, j'étais seul dans la salle. Les belles toilettes arrivèrent, l'orchestre se fit entendre..... Madame Malibran chanta! Je n'entendais rien... je n'existais pas... j'attendais! Enfin, l'âme, la vie et le sentiment me revinrent. *Elle* parut, *elle* entra dans sa loge, plus belle encore, plus ravissante que la première fois. Mes voisins s'écrièrent qu'elle était éblouissante de diamans ; je n'en avais pas vu un seul ; je n'avais vu qu'elle ; je m'inclinai respectueusement en la regardant... Ses yeux rencontrèrent les miens... Elle me vit, j'en suis certain. Elle me vit! Et tournant la tête d'un autre côté, elle ne me rendit pas mon salut.

— Ce n'est pas possible, lui dis-je, et vous vous étiez trompé.

— Ah! s'écria-t-il avec chaleur : vous croyez que j'étais homme à ne pas m'assurer du fait! J'allai l'attendre à la porte de sa loge ; elle donnait le bras à ce grand monsieur sec et poudré, à son mari. Elle causait avec lui, avec gaîté, avec affection ; enfin, il avait l'air de lui plaire... Elle avait l'air de l'aimer! Elle! madame de Lignolles! Où en étions-nous ? Tout était bouleversé! Adossé contre un pilier... je la voyais descendre et venir droit à moi, et quand elle fut à deux pas, je m'inclinai encore : mais se tournant en ce moment même pour parler à la marquise, qui était derrière elle, elle feignit de ne pas m'avoir aperçu, passa froidement sans me regarder, et gagna sa voiture. Il faisait beau ce soir-là, elle n'avait besoin de personne!!

Ah! je l'abhorrais! je la détestais.... Elle me parut affreuse; je rentrai chez moi très tôt et tremblant de colère ; je n'allai plus aux Italiens, je m'enfermai pendant trois mois, et me mis à travailler avec une assiduité et une rage qui avancèrent beaucoup mon examen pour l'Ecole Polytechnique.

— Ce qui dut vous paraître alors un grand bonheur.

— Non, je n'étais pas heureux. L'heure de la raison n'était pas arrivée, je n'en étais encore qu'au dépit, à la colère ; mon amour-propre avait été humilié, et, passant de l'amour à la haine, je n'aspirais qu'à me venger ; j'aurais donné tout au monde pour plaire à une de ces grandes dames, si fières et si orgueilleuses, non plus pour le bonheur d'être aimé, mais pour le plaisir de les dédaigner... de les humilier à mon tour!...

Vous voyez de que j'avais déjà gagné au contact du monde... J'étais resté aussi extravagant; aussi fat qu'autrefois, et, de plus, j'étais devenu méchant. Par malheur les mauvaises intentions trouvent toujours, plus que les bonnes, des occasions de s'exercer, et le hasard m'en offrit que je ne cherchais pas.

Un de mes camarades de collège, neveu d'un pair de France, avait quitté Paris à la fin de ses études ; il était parti avec un gouverneur pour commencer ses voyages ; mais apprenant en route la mort de son oncle, qui lui laissait une belle terre et un beau titre (car alors la pairie était encore héréditaire), il se hâta de revenir en France, et un matin, je le vis entrer chez moi, et me sauter au cou, me racontant la perte ou plutôt la fortune qu'il avait faite, et m'engageant à venir passer quelques semaines dans sa terre d'abord, et ensuite dans la vallée d'Orsay, au château de sa sœur, la comtesse Julia, chez qui se réunissait, pendant la belle saison, la plus brillante société de Paris. Il me semblait, pendant qu'il me parlait, voir arriver ma vengeance. D'ailleurs, je travaillais sans relâche depuis trois mois, j'avais besoin de repos. Nous étions en juillet, la campagne était superbe, ma mère me pressait d'accepter, ce que je fis avec joie, et nous partîmes.

Mon ami Constantin, le nouveau pair de France était un excellent garçon, peu fort dans ses études, mais fort à la chasse, s'occupant plus de ses chevaux que de ses discours à la chambre, et ayant fort bien fait de gagner sa fortune par succession, car il eût été fort embarrassé de l'acquérir par son travail ou par ses talens : du reste, ne s'en faisant nullement accroire et s'effaçant lui-même pour mettre en avant ses amis, il me présenta à sa sœur en lui disant : « Tu sais, Julia, que je ne suis qu'un ignorant, mais voici mon ami Georges qui a de la science pour deux, et, grâce à lui, nous sommes au complet. » La comtesse et son mari m'accueillirent à merveille ; le comte de Vareville était un homme de trente-six ans, d'une belle figure, qui, au physique se portait à merveille, et qui, au moral, était le plus grand propriétaire du pays. C'était là le résumé de toutes ses qualités ; de plus, excellent maître de maison, ne gênant personne, et laissant le gouvernement à sa femme, qui, toute aimable et toute gracieuse, s'en acquittait à merveille.

La comtesse Julia était fort jolie, avait vingt-quatre à vingt-cinq ans, de beaux yeux bleus, une tournure distinguée, une coquetterie de conversation très piquante, faisant briller les personnes qui avaient de l'esprit et en donnant souvent à celles qui n'en avaient pas. Bonne et indulgente pour les gens timides et embarrassés, c'est à ce titre qu'elle me prit sous sa protection. Dévouée en amitié, indifférente en amour, sage et vertueuse par principes, et quant à la dévotion, elle en avait juste ce que la mode exigeait alors chez les dames du grand monde.

Vous pensez bien que l'idée de lui faire la cour ne se présenta pas à mon esprit, c'était la sœur d'un ami, et puis les devoirs de l'hospitalité... Et puis, enfin... j'aurais probablement échoué, et je n'ai jamais voulu examiner si cette dernière raison ne venait pas en première ligne ; c'eût été d'autant plus mal, qu'il y avait au château un essaim de comtesses, de vicomtesses, de baronnes, tout ce que le faubourg Saint-Germain avait de jeune, d'élégant, de coquet ; et loin d'imiter ma dédaigneuse duchesse, elles étaient, il faut le dire, comme toutes les grandes dames d'alors, pleines de gracieusetés et de bienveillance, semblant toujours oublier leur rang, et cependant vous faisant sentir par une nuance et un tact admirables le moment où l'abandon devait s'arrêter et le respect commencer. J'étais comblé de soins et d'attentions que je m'efforçais de reconnaître de mon mieux..... Je faisais de la musique avec ces dames et avec ces demoiselles ; j'avais toujours des dessins pour leurs broderies, et s'il s'agissait d'une promenade dans le parc, ou d'une course à cheval... ou d'un rôle dans un proverbe, fût-ce le plus difficile ou le plus insignifiant, j'étais toujours prêt... Ma complaisance était connue, et en général tout le monde m'adorait, tout le monde, par malheur ; ce qui faisait que personne ne pensait à moi en particulier. Il y avait même dans l'affection universelle dont j'étais l'objet, quelque chose de blessant pour mon amour-propre. C'était presque me dire que j'étais sans conséquence ou sans danger.

Bientôt je m'aperçus aussi, et cette découverte fut bien autrement pénible, que chacune de ces dames avait auprès d'elle des personnes qu'elles honoraient de leur dépit, de leurs dédains, souvent même de leurs reproches. Ah ! que n'aurais-je pas donné pour être à leur place, moi que l'on traitait si bien !

Je me plaignais de mon bonheur ! j'en étais indigné. Je ne voyais pas que ces rivaux, que l'on me préférait avec raison, avaient, par leurs talens, leur réputation, leur position dans le monde, mérité et inspiré une confiance qu'on ne pouvait m'accorder à moi, enfant de dix sept à dix huit ans, à moi qui n'étais rien... qui ne pouvais offrir aucune garantie, pas même celles de la prudence ou de la discrétion. Mon roman de *Faublas* m'avait donc encore trompé ; cette jeunesse même, qu'il m'offrait comme un moyen de réussite, était un obstacle ! Ainsi, m'écriai-je avec désespoir, personne ne fera jamais attention à moi, personne ne m'aimera jamais ! Hélas ! j'étais injuste !... je me plaignais à tort ! Il y avait, dans ce moment-là même, une personne que mon mérite inconnu avait touchée... Amour d'autant plus glorieux, que je n'avais jamais pensé à le faire naître et que je ne m'en doutais même pas.

A qui donc avais-je inspiré une tendresse si discrète et si désintéressée ? Qui donc éprouvait enfin pour moi ce premier amour si longtemps attendu ?

Hélas ! c'était mademoiselle Rose, la femme de chambre de la comtesse Julia !...

Une femme de chambre !!! à moi, qui avais rêvé des duchesses, des marquises, des baronnes ! Encore un bonheur dont j'étais indigné et humilié, toujours à cause des préjugés dont j'étais imbu, car tout autre à ma place se serait résigné à une pareille conquête.

Mademoiselle Rose était de ces femmes de chambre de grande maison : l'œil coquet, le pied mignon, la taille élancée, toujours blanche et bien mise, ne portant jamais que les robes ou les fichus de sa maîtresse (seconde édition), fière et dédaigneuse avec la livrée ; faubourg Saint-Germain dans l'antichambre, et n'ayant de gracieux sourires que pour les gens du salon.

Cette fierté, à ce qu'il paraît, s'était venue briser contre mon ignorance ou ma modestie... et il avait fallu que la pauvre fille me témoignât une préférence bien marquée pour qu'il me vînt à l'idée de m'en apercevoir ; mais il n'y avait plus moyen d'en douter !... Mon ami Constantin, le pair de France, avait été repoussé par elle, il me l'avait avoué en secret. Elle avait refusé les propositions les plus brillantes, et s'était montrée plus généreuse que ses maîtresses, pour qui ? pour moi, jeune homme sans fortune, sans titres, sans naissance ! Ajoutez que Rose était jeune et gentille... Et elle m'aimait tant !... Et elle me l'avouait... à moi, à qui personne ne l'avait jamais dit... Et puis, monsieur, je n'avais pas dix-huit ans ! Je ne dis pas cela pour justifier, mais du moins pour excuser l'attention que malgré moi j'accordais à ma jolie soubrette.

J'évitais cependant de la rencontrer, et quand je l'apercevais au bout d'un corridor, je doublais le pas, ou je détournais la tête, exactement comme la jeune duchesse du Théâtre-Italien. C'était, sur une échelle inférieure, le même orgueil du rang ! Jugez alors ce que je devins lorsqu'un jour, sous mon oreiller, je trouvai un petit billet où étaient écrits ces mots :

« Il faut que je vous parle, monsieur Georges, ou je suis » perdue. Le jour c'est impossible, ne m'en veuillez donc pas, » et ne soyez pas fâché contre moi, si je vous demande dix » minutes, ce soir dans ma chambre, à minuit. »

A ce billet était jointe une petite clef. Cet écrit, qui m'eût transporté de joie, m'eût fait battre le cœur s'il eût été d'une des nobles dames du château, m'inspirait une espèce de malaise et de honte... Tout me dépitait contre moi même... jusqu'aux fautes d'orthographe dont le billet était parsemé et qui semblaient mettre en relief la mésalliance que j'allais commettre. Mais dédaigner une pareille occasion ! Combien mon ami Constantin envierait mon bonheur ! Ah ! s'il était à ma place, il n'hésiterait pas !... Mais d'un autre côté, si cela se sait dans le château . Si la comtesse Julia... Si ces dames... Vous voyez que j'étais déjà plus d'à moitié vaincu, puisque je ne craignais plus que d'être découvert. D'ailleurs, qui saurait à cette heure... au milieu de la nuit... dans ce vaste château dont les corridors étaient obscurs et silencieux ?... Et lo en faisant ces réflexions, j'étais sorti de mon appartement sur la pointe du pied, retenant ma respiration... tremblant au moindre bruit... J'arrivai ainsi à la porte de Rose, et là...

En ce moment, mon horloge fatale sonna midi... J'espérais que Georges ne l'entendrait pas... mais, oubliant et son histoire et les souvenirs qu'elle devait lui rappeler, il me quitta en courant et en me criant : A demain!

III.

Le lendemain Georges fut exact au rendez-vous. Aussitôt que je le vis arriver, je courus à lui · Est-il possible, m'écriai-je, de me quitter ainsi au moment le plus intéressant d'une histoire?

— Je vous conseille de me faire des reproches! Ce serait plutôt à moi de vous en adresser... vous avez manqué me faire oublier...

— Quoi donc?

— Une affaire bien autrement intéressante pour moi... une affaire qui ne peut se retarder... mais je me suis arrangé aujourd'hui pour être plus exact!...

— Quoi! vous me quitterez encore à midi?

— Certainement!

— Et pour quelle raison? quelle obligation tellement indispensable vous force ainsi chaque jour?...

— Pour cela, mon voisin, répondit Georges d'un air sérieux, je ne puis vous le dire... et vous prie de ne pas me le demander... Passe pour mes aventures de jeunesse, continua-t-il en riant... c'est un autre monde, un autre siècle... c'est presque de l'histoire...

— Une histoire instructive!

— Oui, pour la jeunesse! mais peut-être fort peu amusante pour les gens raisonnables.

— Au contraire... et la preuve, c'est que je vous prie en grâce de continuer le sujet de drame que vous m'avez promis, et dont le premier acte me semble déjà tout disposé.

— Vous trouvez?

— Certainement. Il y a exposition de caractères, préparation des événemens, et la toile tombe sur une péripétie des plus piquantes, le moment où vous arrivez à la porte de mademoiselle Rose.

— Le second acte sera peut-être plus difficile à mettre en scène.

— Pourquoi donc? tout se met en scène maintenant... Vous étiez donc devant la porte de mademoiselle Rose?...

— Que je venais d'ouvrir le plus doucement possible. Le cœur me battait d'émotion et surtout de crainte. Ce n'était pas sans raison; mademoiselle Rose habitait une espèce de cabinet de toilette, qui, d'un côté, avait une sortie sur un escalier de dégagement, c'est par celui-là que j'étais arrivé. Mais de l'autre côté était une porte qui donnait dans l'appartement de la comtesse; le moindre bruit pouvait être entendu, et si la maîtresse de la maison m'avait surpris... Ah! je n'aurais pas survécu à un tel éclat, et au ridicule qui en eût été la suite... je me serais brûlé la cervelle... j'y étais décidé, et, sous ce point de vue, du moins, le danger ennoblissait, à mes yeux, le commun et le bourgeois de mon expédition nocturne.

Je n'avais pas refermé la porte de l'escalier, je l'avais laissée entr'ouverte, d'abord pour ne pas faire de bruit, et puis pour me ménager, en cas d'accidens, une retraite prompte et facile. La chambre où je venais d'entrer était dans une obscurité complète, précaution que j'attribuai à la pudeur ou à la prudence de Rose... Pauvre fille! me disais-je, elle m'attend! Elle doit trembler, car je tremble, moi... et je m'avançai lentement, écoutant du côté de la chambre de la comtesse, et me rappelant ce vers de Delille qui, grâce au ciel, convenait parfaitement à la situation :

« Il ne voit que la nuit, n'entend que le silence! »

Alors, plus rassuré, je me dirigeai vers l'endroit de l'appartement où devait être Rose, et à mesure que j'approchais, j'entendais le bruit calme et régulier de la respiration la plus égale. J'approchai encore, et ne pus revenir de ma surprise en m'apercevant qu'elle dormait. Elle dormait!!! Quoi! l'émotion qu'elle éprouvait lui permettait de dormir! moi j'avais eu la fièvre depuis l'instant seulement où cette idée de rendez-vous m'était venue. Je sentais en ce moment encore mon cœur s'agiter avec violence... Et elle!... elle dormait en m'attendant! Un pareil sang-froid annonçait une habitude du danger, ou une hardiesse surnaturelle qui m'effrayait! Je pouvais admirer Napoléon ou le grand Condé dormant la veille d'une bataille... Mais mademoiselle Rose!... J'étais furieux! J'étais indigné!... Un instant j'eus la pensée de retourner sur mes pas pour la punir... pour me venger! Et puis dans ma colère, d'autres idées de vengeance me vinrent à l'esprit. Mais à peine si je parvins à interrompre ce sommeil profond où elle était plongée, et, sans ouvrir les yeux, elle murmura à demi voix et avec impatience ces mots qui n'avaient rien de flatteur : *Mon Dieu!.. Laissez-moi donc!* — Ah! pour le coup et dans mon dépit, oubliant les périls qui nous environnaient, j'allais éclater!... lorsque du côté de l'appartement de la comtesse je crus entendre du bruit... Je vis même à travers les fentes de la porte briller la lueur d'une bougie; par un mouvement aussi rapide que la pensée, je m'élançai hors de la chambre de Rose dont je refermai la porte, et il était temps! J'étais encore sur l'escalier, que j'entendis comme un cri de surprise ou d'exclamation... mais peu m'importait, je n'avais plus rien à craindre, personne ne m'avait vu, et deux minutes après, j'étais chez moi, dans mon appartement clos et barricadé... comme si, en fermant ma porte au verrou, j'empêchais les soupçons ou les souvenirs d'entrer.

Je passai une mauvaise nuit et une mauvaise matinée; j'étais mécontent de moi, je me sentais humilié. Toutes les réflexions que j'avais faites la veille et qui avaient eu si peu de pouvoir, avant, en avaient beaucoup, après; j'espérais bien que jamais cette aventure ne serait connue; mais n'était-ce rien que de rougir aux yeux de Rose, de me retrouver avec elle dans ce château, de la rencontrer dans cette antichambre que vingt fois par jour il fallait traverser, et où d'ordinaire elle était à coudre ou à broder! Je redoutais sa vue, je craignais surtout ses regards d'intelligence... Je ne savais comment m'y soustraire; j'étais sûr de baisser les yeux, de pâlir, de rougir... et si ces dames remarquaient mon trouble; si elles en devinaient la cause... j'étais perdu! Au milieu de ces angoisses, la cloche du château sonna le premier coup du déjeuner... puis le second... Il fallait bien se résigner... il fallait descendre! Je pris mon parti, et de l'air le plus intrépide qu'il me fut possible, je traversai l'antichambre avec une apparence de résolution et de gaité, qui se changea bientôt en satisfaction réelle, quand, jetant autour de moi un coup d'œil rapide, je n'aperçus pas le témoin redoutable que je craignais de rencontrer.

Je repris courage, m'efforçant d'être aimable et de montrer une grande liberté d'esprit. Jamais je ne fus plus triste et plus préoccupé; à chaque instant je m'attendais à une apparition qui n'arriva point!

Contre toutes mes prévisions, Rose ne parut pas de la journée.

Que lui était-il donc arrivé?... Le soir même, et comme à l'ordinaire, elle ne servit point le thé dans le salon.

Je commençais à être inquiet, mais pour rien au monde je n'aurais osé m'informer d'elle. Ce fut une de ces dames qui prit la parole et demanda tout haut : Où donc est Rose? Je l'aurais remerciée.

Il se fit un instant de silence. La dame renouvela sa question.

— Elle n'est plus ici, dit froidement la comtesse Julia en baissant les yeux et sans me regarder.

— Pourquoi donc? s'écrièrent toutes ces dames.

— Ma belle-sœur, qui est restée à Paris, avait besoin d'une femme de chambre. Je la lui ai envoyée ce matin.

— Et vous?

— J'ai la fille du jardinier.

— C'est singulier.

— C'est original!!!

— C'est invraisemblable!!! s'écrièrent trois dames à la fois ; car enfin, ma chère comtesse, votre belle-sœur, qui est à Paris, peut se procurer des femmes de chambre plus facilement que vous.

Chacun convint de la justesse de cette observation, et donna à entendre qu'il y avait sans doute d'autres motifs.

— Je ne dis pas non, reprit la comtesse avec le même sang-froid.

— Et quels motifs? dites-les nous.
— Pas à présent.
— Vous nous les direz plus tard?
— C'est possible.
— Et quand donc? s'écrièrent toutes les dames en se levant et en entourant la comtesse...

Pendant ce temps, j'étais plus mort que vif, et semblable à un criminel qui attend son arrêt.

— Comme tu es pâle! s'écria Constantin ; comme ta main est froide! est-ce que tu es indisposé?

Et, grâce à cette maudite observation, tous les regards et tout l'intérêt se reportèrent sur moi. Rose fut oubliée.

— En effet... balbutiai-je d'un air interdit, je... ne me sens pas bien.

— Je m'en suis aperçue depuis ce matin, dit avec bonté l'une de ces dames.

— Peut-être a-t-il eu froid avec nous sur la rivière, dit une autre en se rapprochant de moi.

— Peut-être a-t-il passé une mauvaise nuit, dit la comtesse Julia avec un air de simplicité qui acheva de me bouleverser. J'étais dans un état déplorable!

Et tout le monde de m'entourer, de me donner sa consultation et son ordonnance. L'une m'engagea à me retirer, ce que j'acceptai de grand cœur ; l'autre me conseilla la fleur de tilleul, celle-ci de la camomille, et tous les avis se réunirent pour du thé bien léger et bien chaud.

— Je regrette que Rose ne soit pas là, dit la comtesse Julia avec le même sang-froid ; elle vous l'aurait porté.

Pour le coup, je fus atterré. Elle sait tout! me dis-je, elle sait tout!

La comtesse sonna le valet de chambre de son mari, qui m'accompagna. Je rentrai dans mon appartement, et je me jetai sur mon lit dans un état voisin du désespoir.

Elle sait tout!!! Et dans ce moment peut-être, au milieu du salon, elle raconte à toutes ces dames l'histoire de mon voyage nocturne, et ma passion délirante... pour qui? pour une femme de chambre qu'elle a été obligée de renvoyer à cause de moi! Ah! quelle honte!...Je suis perdu de réputation, je suis voué au ridicule, je serai désormais l'objet de leurs railleries! J'écoutai... et du salon au-dessus duquel était placée ma chambre... de longs éclats de rire arrivèrent à mon oreille.

« Ah! m'écriai-je furieux, je ne resterai pas dans ce château ; je suis résolu à partir ; je ne reverrai plus ces nobles dames à qui je ne veux pas servir de jouet... Plutôt mourir !...

« Encore elles... Encore elles, — que j'entends! » Et en effet, dans les vastes corridors qui menaient à leurs chambres, les échos répétaient au loin leurs éclats joyeux. Plusieurs même, en passant devant ma porte, me dirent d'une voix douce et maligne : Bonsoir, monsieur Georges, bonne nuit... Ah! si elles eussent été des hommes!... Mais non, il fallait se taire et subir leurs outrages, sous peine d'un ridicule plus grand encore!

Vous devinez quelle nuit je passai! Et le lendemain, sans voir les maîtres de la maison, sans prévenir mon ami Constantin, je partis au point du jour, laissant sur ma table une lettre où je demandais pardon d'un si brusque départ, m'excusant sur mon indisposition dont la gravité avait augmenté, etc., etc., donnant enfin des raisons dont je savais que personne ne serait dupe ; mais tout m'était devenu indifférent, pourvu que je sortisse de ce château, pourvu que je fusse loin de cette société insultante et railleuse, à laquelle je venais de dire un éternel adieu.

J'arrivai chez ma mère, qui fut tout effrayée de ma pâleur et de mon air souffrant, ne pouvant concevoir qu'un mois de bonne société m'eût changé à ce point.

Je m'enfermai encore, ne voulant voir personne, ne répondant pas même aux lettres de mon ami Constantin ou aux billets de ces dames, qui, désolées de perdre leur victime, envoyèrent tout d'abord savoir de mes nouvelles. Je ne m'occupais plus que de mes travaux et de mon état, commençant à comprendre que c'était de moi seul que dépendaient ma fortune, mon avenir et ma réputation, et je fis si bien qu'au bout de six mois je passai mon examen, et fus reçu le premier à l'École Polytechnique.

— Et moi, m'écriai-je, en interrompant mon ami Georges au milieu de son récit, je vous fais compliment de vos malheurs, car chaque catastrophe amoureuse vous vaut un avancement rapide et réel. L'amour et les femmes, ces grands moyens de succès d'autrefois, ne sont-ils pas de nos jours un empêchement à la fortune? N'est-ce pas là, dites-moi, la véritable morale de votre récit?

— Tirez-en la morale, si vous pouvez, me dit Georges en éclatant de rire, cela m'étonnera, surtout quand vous connaîtrez la fin de cette aventure qui me confond toujours quand j'y pense.

— Continuez donc, car je ne vois pas jusqu'ici mon second acte.

— Dieu veuille qu'il arrive ; or, voici peut-être qui va nous y mener. Je venais d'être reçu à l'École Polytechnique, je portais l'épée et presque l'épaulette, et ce succès, que je ne devais qu'à moi-même, m'avait un peu consolé des mésaventures que je devais au hasard. Le maréchal de ***, ancien compagnon d'armes de mon père, était venu inspecter l'école, et avait prié le gouverneur de lui présenter les élèves les plus distingués ; j'avais eu l'honneur d'être compris dans ce choix ; il nous avait invités à dîner ; c'était un grand bonheur, un jour de fête pour tout le monde, il en fut autrement pour moi. Le dîner se passa à merveille, et la soirée s'annonça de même ; le maréchal, qui avait causé avec mes camarades, me prit à part près de la cheminée, et à la manière dont il commença l'entretien, je vis qu'il voulait juger par lui-même du bien qu'on lui avait dit de moi. Aussi, je rassemblai toutes mes forces pour sortir avec honneur de ce nouvel examen. Il venait de mettre en avant une question que je me sentais les moyens de traiter d'une manière victorieuse et brillante, lorsque madame la maréchale sonna pour avoir un verre d'eau sucrée. Il lui fut apporté près de la cheminée où j'étais, par une femme de chambre qui se retourna, et je reconnus... Rose! Rose qui, dans un moment de surprise et de joie, manqua de renverser sur la robe de sa maîtresse le verre d'eau qu'elle tenait d'une main tremblante, pendant que ses yeux ne quittaient pas les miens. Et moi, troublé, déconcerté par cette apparition subite, j'hésitais... je balbutiais... je n'avais pas deux idées de suite. Je répondais tout de travers au maréchal, qui prenant mon embarras pour ignorance ou incapacité, se hâta de changer la conversation. « Quel est le tailleur » qui fait vos uniformes? me dit-il, le vôtre vous va à merveille, et voilà ce que j'appelle une jolie tournure d'officier. » J'étais désespéré ; j'aurais mieux aimé qu'il m'eût donné des coups de poignard, que de m'adresser une phrase pareille. Il était dit que les femmes en général, et Rose en particulier, devaient toujours me porter malheur. Aussi, quand, s'adressant à moi d'un air aimable et gracieux, elle demanda « si Monsieur voulait aussi un verre d'eau sucrée..... ou autre chose... » je lui lançai un regard d'impatience et de colère, et je crois même que je lui tournai le dos ; puis, rejoignant mes camarades, nous prîmes congé du maréchal, eux enchantés, et moi désolé de ma soirée.

Le lendemain, je reçus une lettre dont l'écriture ne m'était que trop présente, je l'aurais d'ailleurs reconnue à l'orthographe et aux efforts inouïs que l'on avait faits pour écrire *élève de l'École Polytechnique* ; ce dernier mot surtout avait dû lui donner une peine..... dont il fallait lui savoir gré..... quoiqu'à vrai dire elle eût complètement échoué ; j'ouvris donc la lettre, que je ne lus point sans quelque travail, et qui contenait ce qui suit :

« Je sais, Monsieur Georges, pourquoi vous m'en voulez,
» et pourquoi hier, chez madame la Maréchale, ma nouvelle
» maîtresse, vous ne m'avez pas seulement regardée. Vous

» êtes fâché contre moi de ce que j'ai manqué au rendez-vous
» que je vous avais donné, et vous croyez que je me suis mo-
» quée de vous. Je vous prie de croire que ça n'est pas ; que
» je ne me suis jamais moquée de personne, et surtout de
» vous qui êtes si aimable et si gentil. Voici la chose : le soir
» même, au moment où je venais de glisser sous votre oreil-
» ler, et en faisant votre couverture, le billet en question,
» Madame me dit : Vous allez partir pour Paris ; le cabriolet
» est en bas qui vous attend. Je voulus objecter pour gagner
» jusqu'au lendemain... Madame répondit : Ce soir, à l'instant
» même. C'est pour une robe dont voici le modèle ; vous la
» porterez à ma couturière, et vous ne reviendrez que quand
» elle sera achevée. Or, vous savez qu'il n'y avait pas moyen
» de raisonner avec Madame, surtout quand il s'agissait de
» robes ! Au bout de trois jours, quand elle fut faite, je revins
» bien vite pour me justifier ; mais vous n'étiez plus au châ-
» teau. Plus tard, à Paris, j'espérais vous voir chez ma maî-
» tresse... mais vous n'y êtes pas venu ; et quelques mois
» après j'en suis sortie moi-même pour des raisons... à cause
» du valet de chambre de Monsieur... qui me poursuivait
» toujours et que je n'ai pas écouté, je vous le jure... on vous
» le dira, etc. »

Je n'achevai pas cette lettre dont la fin m'intéressait peu.
Le commencement ne me donnait que trop à réfléchir... Comment ?... la nuit de mon voyage dans les corridors, mademoiselle Rose n'était plus au château, elle en était partie depuis
quelques heures. C'est sa maîtresse qui l'avait éloignée ex-
près, sous un prétexte imaginaire. Quelle était donc la per-
sonne qui occupait la place de sa femme de chambre ! Ce ne pouvait être qu'elle-même ! la comtesse Julia ! A cette idée, un battement de cœur me saisit, la rougeur
me monta au front, un éclair de joie brilla dans mes yeux ; je
me sentis un mouvement d'orgueil et de vanité bien absurde,
un sentiment de triomphe qui n'avait pas le sens commun,
car, enfin, ce triomphe, si je l'avais obtenu, c'était par une
erreur, par une fraude, ou plutôt par un hasard qui excluait
toute idée de préférence... et malgré cela j'étais fier et heureux, comme si mon mérite y eût été pour quelque chose... et
puis ce n'était pas une femme de chambre, c'était une grande
dame, une comtesse !

Plus je réfléchissais cependant, et plus mon aventure me
semblait inconcevable et difficile à expliquer. D'abord toutes
mes craintes d'avoir été découvert, et le ridicule et les railleries dont je redoutais l'effet, n'avaient jamais existé que dans
mon imagination. La comtesse et ces dames n'avaient jamais
soupçonné ni moi, ni Rose, puisque celle-ci était revenue
trois jours après au château, et qu'elle était restée quelques
mois encore chez sa maîtresse ; on ne l'avait donc pas chas-
sée, mais on avait voulu l'éloigner ce soir-là... Pourquoi ?...
Pour un amant heureux et attendu ? Mais l'accueil que l'on
m'avait fait prouvait assez qu'on n'attendait personne ! et moi
moins encore que tout autre ! Comment d'ailleurs deviner la
clef que j'avais en mon pouvoir ! sans compter que la réputation de la comtesse éloignait toute idée de ce genre ! On ne
lui connaissait aucun amant... bien plus, on ne lui en donnait
aucun... ce qui rendait le hasard encore plus flatteur pour
moi ; et sans chercher davantage à pénétrer ce mystère, j'acceptai mon bonheur sans l'expliquer, ni le comprendre ;
mais, par un effet bien singulier, la comtesse, qui jusqu'à ce
jour m'avait été tout-à-fait indifférente, cessa dès ce moment
de l'être pour moi ; je ne pensais plus qu'à elle et aux moyens
de la revoir ; autant j'avais négligé mon ami Constantin, autant je mis d'empressement à le rechercher. Je le croyais furieux de mon absence... Hélas ! à peine s'en était-il aperçu.
Les personnes qui n'aiment rien sont les gens du monde les
plus faciles à vivre ! Jamais de reproches, jamais d'humeur...
Il faut aimer pour avoir un mauvais caractère ! Constantin me
reçut à bras ouverts, et c'est dans une soirée qu'il donnait
que, pour la première fois..... je revis sa sœur. Sa présence
produisit sur moi un effet, dont elle-même s'aperçut, car elle
me regarda d'un air étonné. Jusqu'alors, je l'avais à peine re-
marquée, et maintenant je contemplais avec curiosité cette
taille si élégante, ces beaux bras, ces jolies mains, ces cheveux blonds cendrés et surtout ces yeux bleus, qu'animaient
à la fois la malice et la bonté... Je regardais tout cela avec
plaisir, avec bonheur, avec un sentiment que je ne puis défi-
nir et que vous, monsieur, vous ne comprendrez pas.

— Si vraiment, lui dis-je. Ces arbres qui, dans ce moment,
balancent leur feuillage au-dessus de nos têtes, me semblent
les plus beaux des environs, pourquoi ? Parce qu'ils sont à
moi ! Le sentiment de la propriété!!...

Georges sourit et continua.

Sans le vouloir et sans m'en rendre compte, je fus dès ce
moment plus assidu, plus prévenant que jamais auprès de la
comtesse, mes attentions avaient un caractère de soumission
et surtout de respect qui frappaient tout le monde et qui me
semblaient à moi une restitution, une réparation. J'avais,
sans qu'elle le sût, tant de torts à expier ! Elle n'était pas insensible à un dévoûment si intéressé, car je l'ai déjà dit, son
cœur était tout à l'amitié, et de ce côté il n'y avait point de
sacrifice dont elle ne fût capable. Mais tout autre sentiment
la laissait froide et indifférente ; elle-même en convenait, et
un jour qu'assez maladroitement, son mari vantait tout haut
sa vertu et ses principes : Je n'y ai pas de mérite, dit-elle
avec impatience, je n'ai dans l'esprit rien d'exalté, rien de ro-
manesque, et ce n'est pas ma faute, ni la vôtre peut-être, si
jusqu'à présent je vous ai été fidèle !

Je ne pus retenir un sourire qu'elle remarqua.

— Pourquoi riez-vous, monsieur Georges ? me dit-elle.

— Pour des raisons que je ne peux pas dire.

— Et que vous allez cependant m'avouer...

— Non, car elles vous fâcheraient.

— Jamais je ne me fâche avec mes amis !

Malgré cette assurance, je gardai mon secret et continuai
pendant plus d'un an ma cour assidue et silencieuse, non que
j'aimasse la comtesse d'amour ; cela n'y ressemblait en rien.
Ce n'étaient ni cette fièvre, ni ce délire que j'avais éprouvés
dans la passion de vingt-quatre heures dont je vous parlais
hier. Il n'y avait là ni tourment, ni malheur, ni extravagance,
rien enfin de ce qui constitue l'amour ; mais, je n'aimais personne plus que la comtesse ; c'était une affection qui ne ressemblait à aucune autre, car elle avait quelque chose de piquant, de mystérieux et en même temps de calme et de paisi-
ble ! Cela venait peut-être de ce qu'ayant commencé le roman,
comme les autres le terminent d'ordinaire, j'avais de moins
l'impatience et la curiosité, qualités inséparables de tous les
amours de ce monde.

La comtesse cependant ne pouvait ignorer mes sentiments ;
je voyais qu'elle en était touchée, mais pas comme je l'aurais
voulu, car elle s'en affligeait et s'en inquiétait tout pour moi. Un
jour que nous étions seuls dans son boudoir, elle me tendit
la main et me dit : Georges, vous êtes un bon et aimable jeune
homme... à qui, depuis longtemps, j'ai donné toute mon
amitié, mais n'attendez et ne demandez jamais plus. Je voudrais vous l'accorder que cela me serait impossible.

— Peut-être ! lui dis-je, et alors, me jetant à ses pieds et
implorant mon pardon, je lui racontai en peu de mots la
faute et le bonheur que j'avais à me reprocher. Elle poussa un
cri ! mais je ne remarquai dans ses traits ni trouble ni colère ;
et, reprenant sur-le-champ un sang-froid admirable, elle me
tendit de nouveau la main et me dit : Relevez-vous, je n'ai pas
de pardon à vous accorder ; *ce n'était pas moi !*

Ce que j'éprouvais est impossible à décrire.

Etait-ce un moyen de se soustraire à mes vœux ? Voulait-
elle m'abuser..... me donner le change, et anéantir ainsi les
droits que le hasard m'avait donnés ?

Je levai les yeux vers elle.

Son front était calme et serein, et dans son regard noble et
pur brillait la vérité tout entière.

Je rougis d'avoir douté un instant.

— Je vous crois ! je vous crois ! m'écriai-je ; mais qui donc
était-ce ?

— Je ne puis vous le dire.

— Vous me le direz...

Tout à coup Georges se leva brusquement ; il venait d'entendre le premier coup de midi. Je voulus en vain le retenir
ou le suivre de loin... Je le vis, à l'extrémité du bois, s'élan-

cer sur un cheval qu'on lui tenait prêt, et il disparut en me criant encore comme la veille : A demain !

IV.

Le lendemain Georges arriva un peu plus tard que de coutume.

Un air soucieux avait remplacé cet air de franchise et de gaîté, caractère distinctif de sa physionomie.

— Est-ce l'histoire d'hier qui vous a laissé des idées sombres ? lui dis-je.

— Non, répondit-il, des contrariétés, des chagrins plus récens, qu'il faut oublier.

— Alors, reprenons notre histoire.

— Très volontiers ; où en étais-je ?

— Au moment où la comtesse Julia refusait de vous nommer l'héroïne de votre aventure.

— C'était piquant, n'est-ce pas ? Possesseur d'un bien que je ne pouvais connaître ; amant heureux d'une maîtresse qui gardait l'anonyme, je suppliais, je pressais la comtesse de me nommer, ou du moins de me laisser deviner cette beauté mystérieuse. Elle s'y refusa constamment.

— Je le crois bien ! m'écriai-je, c'était elle !

— Non, monsieur, je vous ai déjà dit les raisons que j'avais de croire le contraire... et puis il y en avait d'autres encore... des détails que je n'avais pu vous donner... mais qui me frappaient alors, et qui tous me prouvaient qu'elle avait dit la vérité... Ma curiosité n'en devenait que plus vive. Je mourais d'envie de connaître ce secret. Je jurais de n'en point abuser.

— Alors, me répondit la comtesse, à quoi bon vous le dire ? pourquoi vous donner des regrets inutiles ?

— Elle est donc jolie ? m'écriai-je.

— Eh ! mais, me dit-elle après m'avoir regardé en souriant, c'est moi qui vous le demanderai.

— Ah ! c'est de l'ironie, c'est de la raillerie !

— Eh bien ! s'il faut vous parler sérieusement, pourquoi exposer une honnête femme ?

— Elle est donc vertueuse ?... tant mieux.

— Pourquoi ?

— Je ne sais... mais tant mieux !

— Tant pis, au contraire... il vaudrait mieux qu'il s'agît d'une coquette, je vous la nommerais, sans crainte de vous voir profiter d'un tel avantage.

— Moi !... vous pourriez croire ?..

— Certainement ! et je m'explique à présent vos assiduités auprès de moi... C'est là ce qui vous a donné l'idée et plus tard la hardiesse de me faire la cour... Soyez franc.

— Eh bien ! oui, je l'avoue.

— Comment alors n'en serait-il pas de même auprès d'une personne qui sous tous les rapports vaut mille fois mieux que moi ?...

— Que dites-vous ? m'écriai-je avec joie.

— Je n'ai rien dit, reprit-elle vivement, sinon que je ne veux pas troubler son repos en la faisant rougir d'un crime dont elle est innocente, ou en l'exposant à des dangers...

— Qui ne sont pas à craindre pour elle !

— Peut-être ! — Elle me regarda, réfléchit encore, et reprit : — Oui, en ne la nommant pas, je fais une bonne action.

— Une bonne action ! m'écriai-je.

— Et je vous en épargne peut-être une mauvaise. Ainsi, monsieur Georges, résignez-vous, car vous ne saurez jamais rien.

— Jamais !...

— Je vous l'atteste !

— Vous me traitez en ennemie !

— Au contraire je vous parle en amie, en amie jalouse de votre affection, et qui ne veut ni la perdre ni la partager.

Je la quittai, jurant de ne plus la revoir, et le lendemain j'étais chez elle.

— Je l'aurais parié ! s'écria-t-elle en m'apercevant ; et jugez, monsieur, quelle bonne position je viens d'acquérir. Je suis sûre maintenant de vous voir tous les jours. On peut douter de l'amitié des hommes, mais jamais de leur curiosité.

Aussi, vous serez assidu auprès de moi tant que vous ne connaîtrez pas le mot de l'énigme, et comme vous ne le saurez jamais...

J'eus beau protester de la vivacité de mon affection et de sa durée... quand même !!... je vis bien que la comtesse était décidée au silence... — Eh bien ! m'écriai-je, je saurai la vérité malgré vous.

— Ce sera difficile.

— D'abord, c'était une des dames qui passaient l'été dans votre château.

— Je ne dis pas non.

— Vous en convenez ?

— Je ne conviens de rien.

— Et moi, je saurai à quoi m'en tenir : je ferai plutôt la cour à toutes......

— Permis à vous...

Je cherchai alors dans ma tête, et naturellement mes idées se tournèrent vers celles que de moi-même j'aurais préférées, comme si le hasard n'eût eu rien de mieux à faire que de se rencontrer avec mes désirs.

Je venais d'être nommé officier d'artillerie ; j'étais mon maître, et l'hiver que je passai dans la recherche de cette beauté inconnue fut sans contredit le plus beau de ma vie. Lorsque, dans une soirée, dans un bal, j'apercevais une jeune et jolie femme, je la regardais avec satisfaction, avec orgueil. Je me disais : C'est peut-être elle !... Et semblable à l'avare du *Dissipateur*, cette idée me valait presque une réalité !..... Quand je voyais des cavaliers empressés qui sollicitaient vainement un regard, je pensais que, peut-être sans le savoir, j'avais été plus heureux qu'eux tous. Alors je m'appuyais avec une confiance que venait déconcerter le sourire railleur de la comtesse. Son coup d'œil calme et tranquille me disait: Ce n'est pas elle ; car elle eût été émue ou inquiète si j'avais deviné juste !...

Je me trompais donc toujours, et d'erreur en erreur cela pouvait aller très loin ; cette recherche vaine qui occupait toutes mes pensées me faisait négliger des études sérieuses d'où dépendait mon avenir. La comtesse qui avait pour moi une amitié véritable... une amitié de sœur, s'effrayait de mon extravagance et cherchait à m'en détourner.

— Eh bien ! lui disais-je, avouez-moi la vérité.

— Je le voudrais... Je ne le puis.

Et notre discussion recommençait. Un soir surtout, Julia était plus que jamais en humeur de faire de la morale ; et l'endroit était bien choisi, nous étions au bal de l'Opéra avec son frère et son mari, qui tous deux s'ennuyaient à plaisir, et qui s'étaient lancés dans la foule pour chercher des distractions. Resté avec la comtesse, et tous deux assis dans le foyer de l'Opéra, nous en revînmes à notre éternel sujet de conversation. Je me fâchais... je m'irritais, et Julia riait de si bon cœur et si haut, qu'elle ne pensait même pas à déguiser sa voix. Un masque s'approcha d'elle et lui adressa la parole :

— La comtesse de Vareville est bien gaie ce soir.

— Y trouves-tu à redire, beau masque ?

— Non, parce que je suis ton amie ; sans cela...

La comtesse tressaillit.

— Qu'avez-vous donc ? lui dis-je.

— Rien.

Mais il m'était aisé de voir qu'elle était émue ; elle venait sans doute de reconnaître à la voix le masque qui nous avait adressé la parole... Quels rapports.... quelle relation existaient entre elles ?... c'est ce que j'ignorais. Tout ce que je me rappelle, c'est que ce petit domino me déplaisait singulièrement, peut-être parce qu'il était venu interrompre une conversation intéressante. Pour être juste cependant, je dois convenir qu'il avait de l'originalité, de la gaîté, et surtout de l'esprit ! Il lui en fallait pour deux, car depuis son arrivée la comtesse, visiblement embarrassée, ne prenait plus part à la conversation, et cependant le petit masque avait le talent d'être amusant sans méchancetés, ni épigrammes ; au contraire, tout ce qu'il disait était flatteur pour Julia, à qui il reprochait galamment son silence obstiné. Ce beau cavalier en est-il cause ? dit-il en me montrant. Ai-je interrompu une déclaration ?

— Une déclaration de guerre, m'écriai-je, en me hâtant de prendre la parole pour venir en aide à ma compagne et lui donner le temps de se remettre. Nous nous disputions.

— En vérité ?..

— Une discussion très vive sur une question...

— Douteuse ?...

— Très douteuse !

— Alors, c'est vous qui avez tort.

— Qu'en savez-vous ?

— Dès qu'il y a doute... les hommes ont tort, et je décide contre vous.

— Savez-vous de quoi il s'agit ?

— Me voulez-vous pour juge ? dit-elle en s'asseyant près de la comtesse.

— Non pas, s'écria vivement celle-ci.

— C'est donc bien sérieux, ma belle Julia ?

— Du tout, répondis-je ; c'est une personne que j'ai le droit de connaître, et dont madame refuse de me dire le nom.

La comtesse voulut me faire taire.

— Quand on ne connaît pas et qu'on ne nomme pas, on ne compromet personne.

Et alors avec l'insouciance et la liberté que donne le bal masqué, je racontai l'histoire que vous savez, en peu de mots et à demi voix, au milieu de la foule qui passait près de nous et nous heurtait.

L'inconnue écoutait avec une attention qui flattait beaucoup ma vanité de narrateur... Lorsque tout-à-coup, à l'endroit le plus intéressant... au moment où je m'esquivais de la chambre de Rose, elle poussa un cri et s'évanouit.

— Ah ! s'écria vivement la comtesse... la chaleur... le manque d'air... Elle se trouve mal... Transportez-la hors du foyer. Ce que je fis à l'instant, malgré la foule que cet événement avait rendue plus compacte, et qui, ainsi que cela arrive toujours, manqua de nous étouffer par excès d'intérêt !

Arrivés dans le corridor qui sépare le foyer de la salle, je plaçai l'inconnue sur une chaise, et là tout me parut singulier, d'abord l'effroi et le zèle de la comtesse, jusque là si indifférente ; et puis, lorsque pour donner de l'air à la belle évanouie, qui commençait à reprendre ses sens, je voulus dénouer son masque, Julia s'y opposa avec un air de terreur.

— Et pourquoi ?

— Elle a ici des raisons pour ne pas être connue.

— Et lesquelles ?

— Je ne puis les dire.

— Tout est mystère avec vous !... et alors pour la première fois un soupçon m'arriva.. je m'écriai, tremblant : Est-ce que par hasard ce serait ?...

— Non, non ! répondit la comtesse avec une vivacité qui changea mes doutes en certitude. Mais taisez-vous, on nous observe.

En effet un grand jeune homme blond s'était tenu constamment derrière nous... regardant l'inconnue avec attention ; il s'avança et avec un accent irlandais, offrit ses services à ces dames qui le refusèrent.

— Plus de doute ! s'écria-t-il alors à voix haute ; vous accepterez mon bras.

— Noh pas, lui dis-je, tant que ces dames auront le mien. Et je voulus suivre Julia qui se retirait en entraînant sa compagne, mais l'Irlandais me retint par la main.

— Monsieur, j'ai une question à vous adresser.

— Quand vous voudrez, mais pas dans ce moment !

— Au contraire, monsieur, en ce moment même.

Et il me retenait toujours, tandis que les deux fugitives, s'esquivant au milieu de la foule, avaient déjà disparu à mes yeux.

Furieux, je me retournai vers l'importun qui me faisait manquer ainsi la première, la seule occasion que j'eusse encore eue de connaître la vérité.

— Monsieur, que me demandez-vous ?

— Oui ; major Hollydal, que demandez-vous à mon ami Georges ? s'écria Constantin qui arrivait en ce moment.

— Je demande qu'il dise le nom des deux dames avec qui il était tout à l'heure.

— Calmez-vous ! l'une était ma sœur, la comtesse de Vareville.

— Pour laquelle je professe le plus grand respect, mais l'autre ?...

— L'autre, dit Constantin en relevant son col de cravate, je ne la connais pas !

— Je m'en doute bien... Mais monsieur la connaît, j'en suis sûr.

— Moi ! m'écriai-je avec fureur, tant l'assertion me parut dérisoire et absurde dans la situation où j'étais.

— Oui, monsieur, continua le major irlandais avec flegme, vous me direz son nom.

— Je ne vous le dirai pas.

— Vous me le direz !

— Eh ! pourquoi ne pas le dire ? s'écria Constantin d'un air de gaité qui redoublait ma colère, dis-le.

— Je ne le dirai pas... parce que je ne le sais pas.

— Allons donc, tu le sais, tu dois le savoir.

— Certainement, dit le major, il est impossible que monsieur ne le sache pas.

— Quand j'atteste que non ! m'écriai-je d'une voix haute qui fit tourner vers nous tous les yeux.

— Ce n'est pas une raison... reprit l'impassible major.

Alors, hors de moi-même, hors d'état de réfléchir, je m'élançai vers lui et lui donnai un soufflet ; la foule se jeta entre nous.

— Je suis aux ordres du major, dis-je à Constantin, conviens de tout avec lui, et je me retirai.

Deux heures après, arriva Constantin avec un air sombre qui allait si mal à sa physionomie, que je ne pus m'empêcher de sourire.

— Demain, me dit-il, à six heures au bois de Vincennes ; le major a choisi le pistolet : sais-tu tirer ?

— Comme tout le monde...

— C'est qu'il est de la première force, il enlève à trente pas un pain à cacheter.

— Que veux-tu que j'y fasse ?

— Il est l'offensé... il tire le premier, et à vingt pas... je n'ai pu obtenir d'autres conditions.

— Il faut donc s'en contenter... à demain, je compte sur toi.

Resté seul, vous devinez quelles furent mes réflexions, je vous en fais grâce. J'écrivis à ma mère pour lui demander sa bénédiction et ses prières. Je fis mes adieux à la comtesse, et dans sa lettre j'adressai celle-ci à son amie.

« Vous que je ne connais pas, je me hâte de vous rassurer ;
» quand vous recevrez cette lettre, vous serez vengée... Je
» meurs avec votre secret... que ne puis-je dire, avec votre
» pardon ! »

V.

Le lendemain, à six heures, le major Hollydal était chez moi, et une demi-heure après, nous descendions de voiture à Vincennes avec nos témoins.

— Messieurs, dit à haute voix l'Irlandais... j'ai une déclaration à vous faire : la personne que je soupçonnais n'était point hier soir au bal de l'Opéra ; j'en ai les preuves positives, et la dame que monsieur protégeait... m'était totalement étrangère... Je devais cet aveu à ma conscience et à la vérité Maintenant, continua-t-il en se tournant vers ses témoins et vers les miens, comme j'ai fait mes preuves et que vous savez tous que la vie de monsieur est entre mes mains, je la lui accorde s'il veut me la demander.

Tout mon orgueil se révolta, tout mon sang se souleva à cette arrogante parole.

— Plutôt mourir, monsieur, que de rien vous devoir ; permis à vous de me tuer !

— Mais, jeune homme ! je suis sûr de mon coup !

— Alors, permis à vous de m'assassiner...

La colère brilla dans les yeux de l'Irlandais ; il arma son pistolet, et s'arrêtant encore :

— Rétractez ce nouvel outrage... Un pardon... une excuse !
— Vous n'aurez rien de moi, que mon sang !!
— Vous l'entendez, messieurs, cria le major... il le veut... il m'y force... Je le devrais.... mais j'ai eu le premier tort, et je ne l'oublierai pas. Alors visant lentement, il dit tout haut : A l'épaule droite !

Le coup partit, et je tombai, l'épaule droite fracassée.

Quand je revins à moi, j'étais dans mon lit, entouré de tous mes amis, et le médecin assurait qu'il répondait de mes jours.

Le lendemain, je reçus une visite qui me fit grand plaisir : c'était celle de la comtesse ; elle était venue avec son frère, qui ne resta qu'un instant, et quand nous fûmes seuls :

Georges, n'êtes-vous pas bien étonné de me voir ?
— Non, je vous attendais !
— Ah ! je vous remercie de ce mot-là ; elle me tendit la main et se mit à fondre en larmes. C'est ma faute, c'est ma faute ; je ne me le pardonnerai jamais.
— C'est la mienne, madame, c'est ma folie, mon étourderie.
— Moi qui vous connaissais, ne devais-je pas veiller sur vous ?... Mais j'étais bien malheureuse ; placée entre vous et une autre amie... qui m'est bien chère... Pas plus que vous, cependant ; car vous souffrez, vous êtes en danger, c'est vous que j'aime le mieux... Et alors elle me dit tout ce que l'amitié d'une femme peut inspirer de tendre et de saintement passionné. Jamais rien de plus doux, de plus pur, de plus ravissant, n'avait retenti à mon oreille et à mon cœur ; pour la première fois, j'apprenais à connaître Julia. Je sentais tout le prix d'une amitié pareille ; c'est moi qui, à mon tour, couvrais ses mains de mes baisers et de mes larmes, qui lui jurais un dévoûment éternel et à toute épreuve.
— Eh bien ! me dit-elle, en tombant à genoux près de mon lit, si vous dites vrai, si je dois croire à vos sermens, je vous demande une grâce ; je vous la demande à mains jointes.
— Laquelle ?
— Ne pensez plus à... Elle hésita et reprit : A cette inconnue dont l'influence vous a été si fatale ; ne cherchez point à découvrir qui elle est. Je vous le demande pour vous et pour elle ! Vos recherches d'ailleurs seraient inutiles ; elle a quitté la France.
— Quand donc ?
— Ce matin, dès qu'elle a eu la certitude que vous étiez hors de danger.
— L'autre jour, à l'Opéra... c'était donc elle !
— Oui, mon ami.
— Et cependant je ne crois pas l'avoir vue parmi les dames qui étaient avec vous au château.
— Vous ne l'avez jamais vue ; vous ne connaissez ni ses traits, ni son rang, ni son nom. Est-ce alors un sacrifice pour vous de l'oublier et de ne plus regarder cette aventure que comme un rêve... un mauvais rêve ?
— Oui, la fin !... car le commencement était joli...
— Taisez-vous !...
— Un mot encore, et je me tais... Elle sait donc tout ?...
— Hélas ! oui.
— Elle me connaît... moi qui ne la connais pas !
— Oui, monsieur...
— Lui avez-vous remis ma lettre ?
— J'ai hésité... mais cette lettre était bien... car vos écrits valent mieux que vos actions... Et, ne voulant pas qu'elle emportât une trop mauvaise opinion de vous, qui êtes mon ami... je lui ai donné le billet.
— Et qu'a-t-elle dit... du dernier mot ?
— Du pardon que vous lui demandez ?...
— Oui !...

La comtesse me regarda attentivement comme si elle eût voulu juger de l'effet que sa réponse allait produire sur moi ; et elle me dit seulement : Ce pardon... elle vous l'accorde... à une condition.
— Et laquelle ?
— Celle que je vous imposais tout-à-l'heure, car elle a dit : *J'oublierai son offense, s'il oublie que j'existe !...* Et maintenant, mon ami, que j'ai répondu à toutes vos questions, j'attends le serment que je vous ai demandé... la promesse formelle... de ne plus chercher à la connaître... Mon amitié est à ce prix !...

Que pouvais-je répondre ?... Cette beauté mystérieuse était partie, elle avait quitté la France... Et puis, quand on a été à deux doigts de la mort, quand on a perdu la moitié de son sang, l'imagination n'est plus aussi vive, aussi ardente... Un blessé entend la raison mieux qu'un homme bien portant. Aussi je compris à l'instant qu'un rêve, une chimère, qui, après tout, ne pouvaient me mener à rien, ne valaient pas mon repos, mon avenir, et surtout l'amitié d'une femme charmante. Je donnai donc la promesse que l'on me demandait, et, comme j'ai pour principe et pour habitude de tenir mes sermens, depuis plus de cinq ans je n'ai fait aucune tentative, aucune recherche... et je n'ai aucune nouvelle de ma belle inconnue... Voilà mon histoire !...

— Eh bien ?... lui dis-je, quand il eut terminé ce récit, et comme m'attendant à une suite.
— Eh bien ! me répondit Georges, que voulez-vous de plus ?
— Ce que je veux ?... C'est une fin, c'est un dénoûment.
— Je vous dis les choses comme elles me sont arrivées.
— Et vous ne savez pas quelle est cette dame ?
— Pas le moins du monde !...
— Aucun soupçon, aucun indice ?...
— Je n'ai pas cherché !... Je l'avais promis ; sans compter que depuis ce temps-là, depuis cinq ans, les idées changent, et d'autres chagrins, d'autres attachemens...
— Une nouvelle passion peut-être ?...
— C'est possible... mais celle-là, il n'y a pas de quoi se vanter...
— On aime cependant à parler des amours heureux.
— A ce titre, je ne parlerai jamais des miens ; brisons là. Y penser seulement me met de mauvaise humeur.
— Vous avez raison... revenons à l'inconnue, car vous m'avez promis un sujet de drame ou de comédie.
— Le voilà !
— Il n'y a pas de drame sans dénoûment, et je ne peux pas laisser le public à l'endroit où vous m'avez abandonné.
— Quand il n'y a pas autre chose à dire !
— C'est égal, il lui faut davantage.
— Alors cherchez... inventez... arrangez une manière de finir. Cela vous regarde !
— C'est très difficile ; car, dans tout ce que vous m'avez dit, rien ne prépare, rien n'annonce le dénoûment. La véritable héroïne n'a même pas encore paru... on ne sait pas qui elle est !... On ne connaît rien de son caractère, de ses sentimens, ni même de sa personne. Vous seul pourriez donner à ce sujet des renseignemens...
— Que j'ai oubliés depuis longtemps, dit Georges en riant. D'ailleurs, voici midi... Et il me quitta au moment où mon domestique m'apportait une lettre.

C'était une invitation à dîner, le lendemain, chez un riche, ou plutôt chez le plus riche seigneur des environs, le duc de... Je vous dirais bien son nom, mais ce serait tout-à-fait inutile. Dès qu'on dit monsieur le duc... cela suffit. C'est le seul du département ; on ne le désigne jamais que par ce titre, et, à vingt lieues à la ronde, dès que vous demandez : A qui ces belles forêts, ces champs, ces immenses prairies ? le paysan ôte son chapeau, quand il en a un, et vous répond d'un air d'admiration et d'envie : A monsieur le duc !...

Je ne le connaissais pas, mais il demeurait près de moi, à trois lieues ; à la campagne, c'est être voisin ; et puis il faisait les avances et m'invitait, moi le dernier arrivé, moi qui ne lui avais pas même fait encore ma visite de voisinage. Il n'y avait pas moyen de refuser, et, tout en rêvant à mon dénoûment, que je ne trouvais point, je me rendis chez lui. C'était une habitation royale, un superbe château, avec deux ailes dont la vue me fit soupirer. Le salon, meublé avec une richesse et une élégance toute parisienne, donnait, par trois grandes croisées, sur un parc magnifique, dont les pelouses vertes s'étendaient jusqu'aux bords de la Marne.

Le maître de la maison était un homme âgé, soixante-dix ans à peu près, mais sa taille fort élevée et droite encore ne manquait pas de dignité ; avec un extérieur sévère, il avait des manières polies et bienveillantes, où perçaient cependant le sentiment de sa supériorité nobiliaire et territoriale. C'était le grand seigneur de Louis XIV, plus, le grand propriétaire de nos jours. Près de lui se tenait un long jeune homme maigre qui avait une grande figure, un grand nez et un air glacial. Il faisait froid à voir, et, à son aspect, on se rapprochait involontairement de la cheminée; ses lèvres minces et pâles, qui, à coup sûr, ne lui avaient jamais servi à rire, s'ouvrirent pour me dire bonjour, et il m'annonça qu'il était enchanté de faire ma connaissance, du ton et de l'air dont un autre vous annoncerait une mauvaise nouvelle. Un petit garçon de cinq ou six ans, d'une figure délicieuse, et dont les cheveux blonds tombaient en belles boucles dorées, courait étourdiment et sans se baisser, entre les longues jambes maigres du grand monsieur, et le duc lui dit d'un air sévère : « Prenez garde, mon fils, vous allez faire tomber votre cousin. » L'enfant, privé de la seule récréation qui lui fût possible dans ce salon, avait déjà pris un petit air boudeur, avant-coureur d'un orage, lorsque la porte du fond s'ouvrit, et parut une jeune dame, la plus jolie et la plus gracieuse que j'aie vue ! une de ces beautés ravissantes, idéales, que l'on ne rencontre jamais qu'en peinture ou sur un piédestal ! comme qui dirait la Vénus de Médicis, avec une robe de mousseline, un bouquet de violettes et le sourire sur les lèvres.

L'enfant s'élança au devant d'elle, en lui disant :

— Maman, on ne veut pas que je coure dans les jambes de mon cousin.

— C'est bien mal, mon enfant !

— Alors qu'est-ce qu'il en fera ?

Tout le monde se mit à rire... et je remarquai chez le cousin lui-même une espèce de contraction musculaire, mais si imperceptible, qu'elle ne pouvait en conscience lui être comptée pour un sourire.

La duchesse, sans répondre à son fils, se baissa vers lui et l'embrassa; argument qui, sans doute, parut sans réplique, car l'enfant s'en contenta et ne demanda pas d'autre explication.

— Ma chère Nisida, lui dit le duc, en me présentant à sa femme, ainsi que quelques personnes qui venaient d'arriver, voici nos voisins : et il nous nomma.

La maîtresse de la maison était aussi aimable que jolie; car, avec une grâce parfaite, elle nous adressa à chacun le mot qui devait nous flatter, la phrase qui devait nous plaire, et tout cela avec ce sourire plein de bonté qui donne de l'esprit aux moindres paroles, et qui souvent même pourrait s'en passer.

Nous avions à table le maire du pays, administrateur fort habile d'une commune fort pauvre, et dont l'unique souci est de trouver des fonds pour l'établissement d'une école primaire.

Nous avions le curé, excellent homme plein de zèle, de ferveur et de talens, qui dessert à la fois deux paroisses, qui, presque tous les jours, fait trois ou quatre lieues à pied par les mauvais chemins et par les mauvais temps, et qui, pour lui et pour les pauvres, a sept ou huit cents francs de traitement, tandis que ses confrères de Paris sont richement dotés et subventionnés pour faire de la musique, des décorations et de la mise en scène, comme j'en ai vu à Saint-Roch, au grand déplaisir de M. Duponchel, directeur de l'Opéra, qui se plaint de la concurrence.

Nous avions le père du curé, brave homme qui ne comprenait rien et prenait tout de travers.

Nous avions aussi le percepteur de l'enregistrement, gros homme réjoui et bavard, espèce de registre vivant, chez qui tout était noté et inscrit sur le livre. J'avais le bonheur d'être à côté de lui, et, dès le premier service, il me semblait avoir lu la biographie de tous les habitans du château, car mon voisin parlait comme un livre, un livre mal écrit.

Il m'apprit que monsieur le duc, grand dignitaire, pair de France en 1815, dévoué de cœur à la royauté de 1824, avait eu d'abord l'envie de donner sa démission en 1830; mais un voyage qu'il avait fait en Allemagne, en 1831, avait changé ses idées. Il avait prêté serment au nouveau gouvernement pour rester fidèle à l'ancien et continuer à le servir avec loyauté; c'était un système comme un autre, système de principes, qui lui laissait à la fois sa fortune, ses places, et sa conscience tranquille.

Je remerciai mon voisin des renseignemens qu'il voulait bien me donner. Et ce monsieur, lui dis-je au moment où nous passions dans le salon, ce grand monsieur blond ?

— C'est un cousin de monsieur le duc, son seul parent et son héritier. Aussi, lorsque monsieur le duc, qui était déjà riche, épousa la fille d'un riche financier, en décembre 1829, le cousin fut désolé.

— Je le crois bien !

— Mais monsieur le duc avait alors soixante-six ans, étant né en 1764. J'attestai à qui voulut l'entendre que cette union n'aurait point de suite. Point du tout... contre toutes les prévisions, monsieur le duc a eu un descendant en avril 1831. J'en ai été confondu, et le major encore plus !

— Qui, le major ?

— Le cousin; il n'est point Français... Il est major dans un régiment irlandais depuis 1823, le major Hollydai.

— O ciel ! m'écriai-je.

— Qu'avez-vous donc ?... Est-ce que vous le connaissez ?

— Non... Mais l'on me racontait dernièrement une histoire où il jouait un rôle.

— Dites-la moi, s'écria le percepteur qui semblait déjà tenir la plume pour enregistrer.

— C'est inutile, répondis-je, en cherchant à cacher ma surprise, qui augmenta encore lorsque la porte s'ouvrit et qu'un domestique galonné annonça : M. GEORGES LISVARD.

Je n'y concevais plus rien.

Mon jeune ami s'avança, salua respectueusement le duc et la duchesse, et parut tout déconcerté en m'apercevant.

— On ne vous a pas vu aujourd'hui, lui dit la duchesse d'un air aimable.

— Je n'ai pas pu, madame, ma mère était malade... mais ce soir elle va mieux... et j'en ai profité pour vous faire mes excuses.

— Que je reçois, à condition que demain vous me donnerez une heure de plus.

Et comme je faisais un geste d'étonnement..

— Oui, me dit le duc, monsieur Georges, notre voisin, est la complaisance même. Ma femme, qui à Paris avait commencé la peinture, ne pouvait continuer ici, faute de maître... et tous les jours, à midi, monsieur Georges fait trois lieues pour lui donner leçon.

Je regardai Georges qui, baissant les yeux, me dit à demi-voix : Silence, demain vous saurez tout.

VI.

J'étais seul chez moi le lendemain matin, attendant mon ami Georges, et repassant dans mon esprit la singulière soirée de la veille, et les événements dont j'avais été le témoin involontaire et l'observateur muet. Un moment j'avais cru tenir le dénoûment que j'espérais, mais plus je réfléchissais et plus je m'en trouvais éloigné.

D'abord ce ne pouvait être la belle inconnue, la maîtresse anonyme de mon ami Georges. Depuis cinq ans elle avait quitté la France; il l'avait oubliée, il ne s'en occupait plus, et d'ailleurs, l'avant-veille, il m'avait avoué lui-même qu'il avait une autre passion.

La jeune duchesse était donc cette autre passion ! C'était évident.

Et une passion qui commençait !

Témoin son exactitude de tous les jours. Trois lieues pour lui donner une heure de leçon, autant pour revenir : total, six lieues à cheval, au grand galop. Je l'avais vu partir ! Les anciens amans, les amans heureux, ont plus d'égards pour leurs chevaux.

Et puis je me rappelais les plaintes, la tristesse, la mauvaise humeur de ce pauvre Georges. Il aimait donc en vain et sans espoir de réussite, et c'est ce que j'avais peine à comprendre, car, en vérité, c'était un cavalier charmant. On en aurait trouvé difficilement de plus aimable, de plus distingué, et il fallait de grands principes et une grande vertu pour rester indifférente à tant de mérite et à tant d'amour.

Mais il faut convenir aussi que, pour réussir, et d'après ce que j'avais vu la veille, Georges s'y prenait d'une manière extraordinaire et inusitée. Il était fort bien et fort convenable avec le duc, mais il était peu gracieux avec la duchesse. Deux ou trois discussions s'étaient élevées ; la maîtresse de la maison y avait pris part avec esprit, avec finesse, avec convenance. Georges n'avait jamais été de son avis. Rien de mieux : les amans sont rarement d'accord ; mais ce qui me semblait impardonnable, c'est que lui, d'ordinaire si bienveillant et si bon, mettait dans toutes ses réponses de la sécheresse, de l'aigreur... et même une nuance de plus... Vers la fin de la soirée, la duchesse avait un mal de tête qui l'empêchait presque d'entendre la conversation ; chacun la plaignait et s'intéressait à ses souffrances ; Georges, seul, près de la cheminée, se permit une plaisanterie sur les migraines des dames, plaisanterie assez dure pour la duchesse, qui le regarda avec bonté, et dit, en souriant, à ceux qui l'entouraient : Je ne me plains plus maintenant... je suis enchantée d'être sourde.

Un mot pareil aurait désarmé l'homme du monde le plus en colère ; il ne produisit rien sur Georges, qui, par politesse seulement, crut devoir balbutier quelques excuses.

— C'est inutile, lui dit-elle, je n'ai rien entendu.

Avec le grand cousin, c'était bien autre chose. Georges était d'une froideur ou d'une hauteur qui me faisait craindre à chaque instant que leur ancienne dispute ne recommençât, et, comme je connaissais l'habileté du major et la maladresse de mon jeune ami, je ne concevais pas que, de gaîté de cœur, il s'exposât à un danger certain. Quant à l'Irlandais, son calme et son sang-froid contrastaient, dans toutes les occasions, d'une manière admirable avec la chaleureuse impétuosité de Georges. Il ouvrait la bouche lentement, parlait lentement, s'écoutait parler. Ce qui expliquait son air d'ennui habituel, ennui qu'il communiquait du reste à ses auditeurs, et qui avait un grand avantage, celui d'amortir la discussion et de paralyser Georges lui-même.

Mais ce qu'il y avait de plus inconcevable, c'était la manière dont Georges était avec ce jeune enfant, si beau et si gracieux ; il était aisé de voir que la duchesse l'adorait ; que c'était son bien, son trésor le plus cher, et, à chaque mot, à chaque geste de Georges, on devinait que cet enfant lui déplaisait, le choquait, lui était insupportable... Quand sa mère l'embrassait, il avait toujours une épigramme prête contre l'amour maternel à effet... La duchesse alors, et sans se fâcher, le regardait d'un air de pitié... Mais souvent aussi, au moment de caresser son fils, elle s'arrêtait en voyant les regards de Georges fixés sur les siens. Tout cela me semblait inexplicable !

Le soir même, ce pauvre enfant, qui avait l'air d'aimer beaucoup Georges, et qui cherchait toujours à jouer avec lui, s'amusait avec sa montre dont il s'était emparé ; Georges la lui reprit ou plutôt la lui arracha brusquement des mains, en murmurant entre ses dents : Je déteste les enfans... La duchesse, qu'il ne voyait pas, était près de lui... il se hâta de s'excuser, et dit en montrant sa montre : Je craignais qu'il ne l'abîmât.

La duchesse, sans lui répondre, détacha de sa robe un nœud en perles fines d'une grande valeur, et dit tranquillement à son fils : Tiens, abime ça.

L'enfant, qui avait l'habitude d'obéir à sa mère, ne se le fit pas dire deux fois ; et, au moment où le duc qui passait s'écria : Qu'est-ce que c'est ? qu'est-ce que c'est ?

— Rien, répondit froidement la duchesse... mes perles qui se sont détachées, et qu'Arthur a écrasées par mégarde.

Quant à Georges, qui faisait tous ses efforts pour se modérer, il y avait, la veille, dans tous ses traits une telle fureur, que je soupçonnais dans cette aventure un mystère dont j'allais sans doute avoir une explication... car c'était lui qui arrivait.

Il entra dans mon cabinet, l'air triste et abattu.

— C'en est fait, me dit-il, et je le vois maintenant, personne ne m'aimera jamais.

— Y pensez-vous ? lui dis-je, vous qui autrefois, dans votre jeunesse, vous étiez persuadé..

— Que tout le monde devait m'aimer... je m'abusais bien étrangement alors !

— Et maintenant encore !

— Non, monsieur.... tout est fini.... je n'ai plus d'espoir.... je n'ai pu rien obtenir d'elle : ni mon dévouement, ni ma constance, ni les sacrifices que j'ai faits n'ont pu toucher son cœur ; elle a toujours été pour moi froide, dédaigneuse et insensible. Je croyais du moins à son amitié, et hier, devant vous, elle en a brisé la dernière preuve ; parmi ces perles qu'elle a jetées à ses pieds, il y en avait une qu'elle avait bien voulu recevoir de moi l'année dernière, à sa fête ; c'est la seule faveur que j'aie obtenu d'elle : c'était un gage d'amitié qu'elle m'avait promis de ne jamais quitter, et elle l'a fait broyer à mes yeux... par cet enfant que j'abhorre, que je déteste.

— Il est charmant !

— Il est affreux ! et je ne puis le souffrir.

— Pourquoi ?

— A cause d'elle, qui est née pour le malheur de ma vie... Tenez, monsieur, je m'en vais tout vous dire, et vous me donnerez un conseil.

Un an environ s'était écoulé depuis ma blessure et la fin de la folle histoire que je vous ai racontée, lorsque le siège d'Anvers fut décidé. Jusqu'alors, j'avais perdu mon temps à courir après des femmes qui se moquaient de moi et à me battre en duel pour des aventures d'Opéra ; il me semblait qu'il y avait mieux que cela à faire pour un lieutenant d'artillerie ; mes épaulettes n'avaient pas encore vu le feu ; car, dans ce temps-ci, les occasions et les boulets sont rares, n'en a pas qui veut ; j'espérais faire partie de l'expédition, je l'avais demandé avec instance ; le ministre m'avait refusé, et, dans mon désespoir, à qui pouvais-je m'adresser ? Le comte de Vareville avait, depuis quelques mois, été nommé ambassadeur près d'une petite cour du Nord, et mon ami Constantin, son beau-frère, secrétaire d'ambassade. Malgré cela la négociation eut un double succès ; ce qui vous étonnera moins, quand vous saurez que l'ambassadeur avait emmené avec lui sa femme, la comtesse Julia, circonstance très heureuse pour lui et très fâcheuse pour moi qui me trouvais sans protecteurs.

Un vieux médecin, ami de mon père, à qui je racontai mes chagrins, me dit : J'ai bien peu de pouvoir ; mais j'en ai cependant sur un vieux duc mon client, qui lui-même en a beaucoup du ministère et de la cour, car il est tout-à-fait opposé au gouvernement. — C'est une assez mauvaise recommandation ! — C'en est une excellente ! car, de ce temps-ci, on fait beaucoup plus pour ses ennemis que pour ses amis, et un pair de l'opposition est une chose si rare, qu'il n'y a point de sacrifice qu'on ne fasse pour le conserver et l'encourager. Il a été un an absent, mais il doit être de retour, voici une lettre pour lui.

Je la pris et me rendis à l'hôtel du duc chez qui nous avons dîné hier. C'était la première fois que je le voyais, et cependant sa physionomie ne m'était pas inconnue. Je cherchais où j'avais rêvé cette longue figure sèche et froide, qui, dans ce moment, redoublait de sécheresse et de froideur, car il accueillit assez mal ma demande, lorsque la porte de son cabinet s'ouvrit et sa femme parut... Nisida, la charmante Nisida que vous avez vue hier, et, jugez de ma surprise, lorsque je reconnus en elle, ma petite duchesse du Théâtre-Italien, ma première passion, mon premier délire, celle que, pendant vingt-quatre heures, j'avais adorée avec frénésie, et que vingt-quatre heures après, je détestais avec rage, car, avec cette femme-là, la raison n'est pas possible, on ne peut pas l'aimer ou la haïr modérément... comme tout le monde !

Elle sentit bien elle-même le reproche que j'avais le droit de lui faire, et elle n'avait oublié ni mes traits, ni son impolitesse, car, à mon aspect, elle se troubla... elle changea de couleur... et elle s'assit tremblante en s'efforçant de me saluer d'un air aimable. Mais ce salut qu'autrefois elle m'avait refusé, cette réparation tardive ne pouvait me désarmer ; son mari se retourna vers elle et lui dit : — Au moment même où nous arrivons d'Allemagne, je reçois là, du docteur, une lettre qui m'embarrasse beaucoup.

— Je suis désolé, monsieur le duc, lui dis-je en me levant, de vous avoir fait une demande qui peut-être vous compromettrait... regardez-la, je vous prie, comme non avenue...
— Et pourquoi donc? s'écria vivement la duchesse.
— Parce que j'ai réfléchi, madame ; je vois maintenant qu'il y a trop d'obstacles, et je renonce à mes espérances...
— Mais la lettre du docteur...
— Je lui aurai dû un grand plaisir, celui de pouvoir vous présenter mes respects, et je me retirai en saluant profondément.
— C'est tout au plus, mon cher Georges, lui dis-je, si c'était poli.
— Ça l'était plus, répondit-il brusquement, que de ne pas saluer du tout, ainsi qu'elle l'avait fait autrefois ; mais, avec une personne de ce caractère, on ne sait jamais si l'on a tort ou raison ; il n'y a pas plus de motifs à ses dédains qu'à ses préférences. Ma politesse et mes attentions, le jour du Théâtre-Italien m'avaient valu d'elle une impertinence, et mon impertinence me valut sa faveur, je dirais presque son amitié, si elle était capable d'en éprouver.
Je reçus une lettre du ministre de la guerre qui m'autorisait à partir pour le siége d'Anvers ; à cette lettre en était jointe une autre... tenez... la voici... j'en ai trois, elles sont toutes là, et il les tira de son sein.
Cette lettre ne contenait que ces mots :

Vous nous avez mal jugés, monsieur, et voici notre réponse.

NISIDA, *duchesse de* ***

Vous vous doutez bien que mon ancien ressentiment devait fléchir et s'effacer devant un trait pareil. Je courus avant mon départ lui faire une visite de remercîmens, et je ne puis vous dire, vous ne pourriez vous faire une idée de ce qu'est cette femme-là quand elle veut être aimable. Il y a dans ses manières, dans son moindre regard, dans sa voix, un charme qui vous attire, vous enivre, vous soumet et vous façonne à son vouloir, de sorte qu'on ne peut plus agir, ni penser qu'à sa convenance ! Elle n'a jamais songé à vous demander votre affection et votre amitié, parce que, qu'elle a causée un quart d'heure avec vous... elle les a, elle les possède... on lui est dévoué, on serait heureux de se faire tuer pour elle... voilà du moins comme j'étais à la fin de ma visite ; je sortis plus amoureux que jamais, et, depuis ce moment, cela ne m'a plus quitté.

J'eus quelque bonheur au siége d'Anvers : d'abord je ne fus pas tué, et j'en fus enchanté, j'aurais été trop malheureux de ne plus revoir Nisida, et puis j'entrai un des premiers dans la lunette Saint-Laurent ; mon nom fut mis dans le rapport du maréchal, et je me dis : Elle le lira.

Je retournai à Paris fier d'un nouveau grade que je venais d'obtenir et que je croyais devoir à mon seul mérite. J'appris par un ami, chef de division au ministère de la guerre, que j'aurais peut-être été oublié sans une lettre pressante du duc de ***. Cette circonstance diminua ma fierté, mais augmenta ma reconnaissance. Je demandai au duc et à sa femme la permission de venir le leur témoigner de temps en temps; elle me fut accordée, et je vins tous les jours.

Tous les jours, pour mon malheur !... car plus je la voyais, plus je l'aimais, et aucun ami ne m'empêchait de courir à ma perte. J'avais tout confié à Julia, qui, effrayée de ma nouvelle folie, m'écrivait de son ambassade, et me suppliait de ne plus revoir la duchesse. C'était le conseil de la sagesse ; mais la sagesse était loin, et Nisida était près.

Jamais je n'avais obtenu un aveu ou un mot, qu'il me fût possible d'interpréter à mon avantage... Et cependant, dans mille occasions imperceptibles pour tout autre, elle était pour moi d'un abandon, d'une tendresse et d'une bizarrerie indéfinissables. Quand je lui parlais de mon amour, elle m'imposait silence ; j'allais me fâcher, et je m'arrêtais en voyant des larmes dans ses yeux.

Quand je lui demandais avec instance un mot, un seul gage de tendresse, elle ne m'écoutait pas... et elle embrassait son fils sans me répondre.

Un jour je lui rappelai notre première entrevue au Théâtre-Italien, et je lui demandai pourquoi elle ne m'avait pas salué.

Elle se mit à rire comme une folle, et, voyant que j'insistais : Cela vous fâchera ! me dit-elle.
— Je vous promets que non...
— Eh bien ! la marquise, qui ne vous connaissait pas, et qui, tous les jours vous voyait au balcon du Théâtre Italien, examinant attentivement les dames et leurs toilettes... s'était persuadée et m'avait dit que vous étiez un artiste... qui venait là par état et pour se tenir au courant des coiffures ou des modes...
— C'est-à-dire que vous m'aviez pris pour un coiffeur ou un tailleur ?
— Vous étiez alors d'une élégance à le faire croire...
— Et voilà pourquoi vous ne m'avez pas rendu mon salut!
— C'était mal... mais la marquise m'en aurait fait un crime, ou, pis encore, se serait moquée de moi... J'avais seize ans, j'entrais dans le monde... je ne savais rien ; mais cependant, le lendemain, j'en avais eu des remords, et si j'avais eu votre adresse...
— Eh bien !
— Je vous aurais prié de venir me coiffer, ou me prendre la mesure d'une amazone !
— Ah ! plût au ciel ! m'écriai-je vivement ; j'aurais été trop heureux !
— Pourquoi ? me demanda-t-elle naïvement.
— Pourquoi ? m'écriai-je avec passion, ah ! Nisida, ne m'avez-vous jamais deviné... vous, mon premier, vous, mon seul amour ?...
— Taisez-vous... taisez-vous, me dit-elle à voix basse ; ce que vous dites là à Nisida, la duchesse pourrait l'entendre et se fâcher !...

Et elle retira doucement sa main, que j'avais prise... Mais elle semblait émue... Ses yeux rencontrèrent les miens avec une expression que je ne lui avais jamais vue... Je crus qu'elle allait me dire : Je vous aime ! et elle me dit froidement : Allez-vous-en, laissez-moi ! Il fallut la quitter... Je revins le lendemain ; elle n'était pas visible, elle était indisposée : toute la semaine il en fut de même.

— Vous êtes trop heureux... lui dis-je. Elle vous aimait !
— Hélas ! un instant je le crus ; mais il était dit qu'avec elle, la présomption me porterait toujours malheur. J'eus bientôt la preuve du contraire, et des preuves dont il me fut impossible de douter. Il était tout naturel que, pour savoir des nouvelles de sa santé, je m'adressasse au vieux médecin qui m'avait présenté dans la maison.

Le docteur d'Hérissel avait une riche clientèle et une immense réputation comme médecin... C'était un homme des anciens jours et des anciennes méthodes, qu'il avait constamment pratiquées et surtout défendues contre toutes les innovations. Il avouait franchement que, depuis Hippocrate, la médecine n'avait pas fait un pas. On tuait, de mon temps, disait-il avec bonhomie à ses cliens ; mais monsieur Broussais tue au si, et l'homéopathie fait comme monsieur Broussais, alors, à quoi bon changer pour ne pas trouver mieux? à quoi bon tous ces jeunes docteurs ? le risque étant le même, choisissons le médecin, ou plutôt le danger le plus connu, c'est-à-dire le plus ancien, et me voilà !

Il y avait longtemps que le docteur d'Hérissel me connaissait ; je lui devais le jour, disait-il gaîment, car il m'avait mis au monde, et depuis il ne m'avait jamais perdu de vue, il m'avait soigné lors de ma blessure, et j'avais pu juger alors de l'amitié qu'il m'y portait, car lui, d'ordinaire si sec et si tranchant, écoutait les avis et même les demandait.

Lorsque je l'interrogeai sur la santé de la duchesse, il me regarda bien en face, prit une prise de tabac dans sa tabatière d'or, ornée du portrait de deux souverains, et me dit d'un air goguenard : Ce n'est pas elle qui est la plus malade, Georges, mon ami, c'est toi.
— Quand ce serait vrai, docteur, je m'adresse à vous, guérissez-moi ?
— Est-il bien certain que tu veuilles être guéri, le désires-tu franchement ?
— Oui, lui dis-je avec fermeté.
— Eh bien ! la guérison ne sera pas longue ; je vais l'opérer d'un mot, et il aspira une seconde prise.

— Parlez donc, lui dis-je avec impatience, ce mot?..
— Ce mot, c'est qu'elle ne t'aime pas.
— Je le sais, répondis-je, et cela ne me guérit pas encore.
— Ah! la dose n'est pas assez forte... J'ajouterai donc une pilule à l'ordonnance. Une fâcheuse pilule... C'est qu'elle en aime un autre!
— Cela n'est pas possible..... Cela n'est pas! m'écriai-je avec rage.
— Voilà de mes malades, qui veulent être guéris et qui se révoltent contre les médecins!
— Eh! qui donc?.. qui donc? continuai-je sans l'écouter.
— Je ne le dis qu'à toi, au moins, car la duchesse est ma cliente, et les secrets de mes cliens me sont sacrés... Il est vrai que celui-là elle ne me l'a pas confié..... Et puis, c'est pour toi, c'est pour te rendre à la raison!

Pendant qu'il parlait ainsi, je rassemblais toutes mes forces pour ne pas me trouver mal... mais je me sentais mourir.

Le docteur continua avec le même calme.

— Pendant la première année de son mariage, le duc ne voyait personne, ne recevait personne qu'un cousin à lui, qui habitait dans son hôtel.
— En êtes-vous sûr?
— Je l'y voyais tous les jours. Ce cousin ne quittait pas la jeune duchesse, l'accompagnait partout, ne laissait personne approcher d'elle; en un mot, exigeant, sévère et jaloux comme un tigre.
— Vous croyez?
— La duchesse s'en plaignait à moi.
— Ce n'est pas une raison.
— Attends donc, je laisse de côté toutes réflexions, toute supposition; la médecine ne marche qu'avec des faits, et je vais en donner que je regarde, moi, comme authentiques et irrécusables.

L'empereur Napoléon demandait...

— Docteur, m'écriai-je avec impatience, il ne s'agit pas ici de Napoléon.
— Si vraiment, l'empereur Napoléon demandait à mon confrère Corvisard si un homme qui se mariait à cinquante ans avait quelque chance d'avoir des héritiers. Corvisard répondit : Sire, à cinquante ans, on en a quelquefois; à soixante, rarement; à soixante-dix, toujours.
— Et ce parent, quel est-il? où est-il?
— A Paris, depuis huit jours, et, depuis ce temps, la duchesse a refusé de vous recevoir, sa porte vous est fermée.

Je restai atterré, confondu... Que dire? que répondre? que faire surtout? s'exposer à une nouvelle visite... C'est le parti que je pris. Cette fois seulement je demandai monsieur le duc, et je me présentai chez sa femme. La duchesse n'était pas seule, elle était avec son cousin, qui, assis près de la cheminée, me tournait le dos quand j'entrai; à ma vue Nisida pâlit... Mais enfin, faisant tous ses efforts pour se remettre de son trouble... elle me présenta elle-même ce parent que je détestais avant de le connaître, et que devins-je quand s'offrit à moi le major Hollydai, cet Irlandais que vous savez, et que je ne connaissais que trop bien!

C'est avec lui que je m'étais battu deux ans auparavant, et, dans ce moment, je ne cherchais que les moyens de recommencer. Mais comment? mais sous quel prétexte?... Il fallait attendre! d'autant plus que, pour mon malheur, et comme pour me narguer, l'impassible major était l'homme le plus poli des trois royaumes. Notez aussi que je ne voulais pas être l'agresseur, ce qui rendait l'occasion plus difficile; mais enfin, elle se présenta! C'était ici, à la campagne : un jour que nous étions à cheval, en pantalons blancs, il m'éclaboussa de la tête aux pieds d'une façon si complète et si grotesque, qu'il ne put retenir, en me voyant affublé de la sorte, quelques railleries innocentes, que je trouvai les plus mordantes et les plus injurieuses du monde. En vain les jeunes gens qui étaient avec nous voulurent nous séparer; je lui demandai raison de l'esprit qu'il avait fait à mes dépens, en des termes qui ne lui permirent pas de me refuser, car il est brave, vous le savez. Mais cette fois j'avais le choix des armes, et je voulus combattre de près... à l'épée; c'était pour le lendemain. Quelque secret que j'eusse réclamé pour cette rencontre, la duchesse en fut instruite... et si j'avais pu douter de son amour pour son cousin, j'en aurais eu la preuve irrécusable à son trouble et à son désespoir! Elle était ce soir-là dans un état à faire pitié... Il y avait du monde chez elle, elle avait été obligée de recevoir! Heureusement, comme hier, un mal de tête affreux, une migraine, vinrent à son aide, et c'est à cela que je faisais allusion dans cette plaisanterie que vous avez trouvée si déplacée et dont moi seul connaissais la portée. Un instant, et quand tout le monde se retira, je restai seul avec elle... car, malgré moi, j'avais voulu la voir encore... avant de mourir peut-être! Les yeux pleins de larmes, elle me dit rapidement : Je sais tout... Ce fatal combat... qu'il n'ait pas lieu... je vous en prie?.. et elle joignait les mains en suppliante.

— Ah! me prier pour lui! m'écriai-je; c'est trop fort, et je m'enfuis avec toute ma colère, qui devait être fatale à mon adversaire, car le lendemai je l'attaquai avec tant d'impétuosité et de rage, que sa nature flegmatique et tranquille en fut toute déconcertée; et, malgré son adresse, son épée se trouva engagée si malheureusement, que, d'un coup de poignet, je la fis sauter à dix pas. Hélas! il se trouvait sans défense et je ne pouvais continuer. A mon tour, lui criai-je, à vous donner la vie, mais, plus généreux que vous, je ne vous oblige pas à la demander, prenez-la sans condition.

Le soir j'allai au château, où sans pitié, sans pudeur, la duchesse qui savait déjà l'issue du combat, ne craignit pas de laisser éclater toute sa joie à mes yeux; elle osa me remercier hautement de ce que j'avais fait pour son cousin. Et pourtant, voyez ma folie, je doutais encore!... je me répétais à chaque instant : Le docteur se trompe! Mais peut-on se tromper soi-même? peut-on révoquer en doute le témoignage de ses yeux et de ses oreilles?

— Quoi! vous avez vu!
— Oui, monsieur, vu et entendu... plus que ce dernier trait; et après cela vous jugerez s'il me reste même le bonheur de douter encore... Il y avait chez elle, à la campagne, un bal, une fête... c'était celle de son mari. Toutes les dames étaient montées au premier étage du château pour mieux voir le feu d'artifice que l'on tirait sur la pelouse; moi j'étais resté en bas sur la terrasse où je me promenais seul en rêvant à elle... qu'il m'est plus facile de haïr que d'oublier... Je fus tiré de ma rêverie par les pas d'un promeneur qui venait à moi; c'était le major!! Encore lui... qui se trouvait sur mon chemin, et j'allais quitter la terrasse solitaire qu'il était venu me disputer, lorsque des fenêtres du premier étage j'entends des cris d'effroi. Une lampe, un candélabre placé près d'une croisée avait mis le feu à un rideau, de là à une draperie; en un instant la salle avait été en feu... et la foule effrayée, se précipitant vers la même issue, augmentait le désordre au lieu de le diminuer. Une femme paraît à la fenêtre qui donnait sur la terrasse... J'avais déjà reconnu Nisida, et, saisissant une longue échelle que les jardiniers avaient laissée couchée à terre sous la fenêtre, je montai, je volai à son secours... et arrivé près d'elle, je lui tendais les bras pour la sauver...... mais, hors d'elle-même, pâle, échevelée, ne voyant rien, ne pensant à rien qu'à son enfant qu'elle serrait contre son cœur, elle le jeta dans mes bras en me disant d'une voix étouffée que moi seul pus entendre : « Tiens... sauve ton fils!! »

Immobile, stupéfait... je regardai autour de moi et je vis derrière... à quelques échelons plus bas, l'inévitable major qui, avec son flegme ordinaire, montait lentement à l'assaut, et qui, dans ce moment, était presqu'au même niveau que moi! Dans son trouble, Nisida avait cru s'adresser à lui!

Pouvant à peine maîtriser ma colère, je lui donnai, ou plutôt je lui jetai cet enfant; ce n'était pas moi, c'était lui que cela regardait... Il le descendit à terre avec précaution, tandis que moi, prenant Nisida qui venait de se jeter dans mes bras, Nisida, plus belle que jamais, et dont le cœur battait d'effroi contre le mien; Nisida que j'aurais voulu étouffer et que j'étais indigné d'aimer encore!... je la déposai sur le gazon, près de son enfant, et je m'enfuis, lui jurant un adieu éternel!

— Éternel!
— Oui, monsieur, cela dura trois jours; je restai trois

jours sans la voir, mais encore occupé d'elle ; car je passai tout ce temps à la mépriser, à la maudire, à me répéter ces mots fatals : ..... *Tiens, sauve ton fils !*..... qui retentissaient sans cesse à mon oreille comme une cloche de mort. Enfin, le quatrième jour, il me fut impossible d'y tenir plus longtemps, je courus au château. D'ailleurs, le duc son mari n'était pas bien portant ; ce n'était pas pour elle, c'est pour lui que j'y allais... J'y rencontrai le docteur assez inquiet de son malade... non que le mal fût violent ; mais le duc est bien vieux, dit-il, c'est le commencement de la fin ! Nous passâmes ensemble dans l'appartement de la duchesse, un vaste appartement où elle était seule avec le major... Leurs fauteuils étaient à vingt pieds de distance, le major lisait le journal... et Nisida bâillait. Je poussai le docteur en lui montrant ce tableau.

— Je n'ai jamais dit que cela durât encore, me répondit-il à voix basse, le mal a eu son temps, sa période ordinaire ; fièvre inflammatoire qui se termine en maladie de langueur.

Le major se leva, emmena le docteur hors de l'appartement, sans doute pour lui parler de son noble cousin, et je restai seul avec Nisida.

— Je sais tout, lui dis-je en tâchant de modérer mon émotion, je connais votre secret.

— Ah ! s'écria-t-elle, je suis perdue... Puis, d'une voix suppliante : Taisez-vous alors... taisez-vous !... Pas un mot ! et comme ne pouvant supporter ma vue elle cacha sa tête dans ses mains et ce fut en ce moment que ses sanglots soulevaient la mousseline transparente qui couvrait sa poitrine.

Toute ma colère tomba devant un tel désespoir. Oui, je me tairai, lui dis-je, je vous le jure, je n'en parlerai qu'à vous ; et alors je lui racontai lentement ce que je savais... ce que j'avais entendu... Mais le croiriez-vous, monsieur ? à mesure que je parlais... elle relevait sa tête cachée entre ses mains, et me regardait à travers la grille rosée que formaient ses petits doigts ; elle avait séché ses larmes ; le calme revenait sur son front et le sourire sur ses lèvres. Oui, monsieur, pendant que je l'accusais d'avoir aimé le major, pendant même que je lui parlais de son fils, le fils du major, elle semblait respirer plus librement ; un air de satisfaction se peignait sur tous ses traits.

— Quoi ! ce n'est que cela ! dit-elle avec un air de naïveté inconcevable.

Ah ! j'avoue qu'à ce mot il me fut impossible de contenir ma colère, j'éclatai en reproches, et, dans ma fureur, dans mon désespoir, dans mon amour, je passai sans doute toutes les bornes ; et elle, sans se fâcher, et me regardant d'un air de compassion, me dit seulement ces mots :

— Ah ! Georges, que vous serez malheureux un jour de tout ce que vous me dites là !

— Vous ne l'aimez donc plus ! m'écriai-je.

— Non ! me dit-elle. Et il y avait dans ce mot une expression, une tendresse que je ne puis vous rendre. Alors, ému et attendri, c'est moi qui me mis à pleurer ! Je tombai à ses genoux...—Et moi, Nisida, lui dis-je, moi qui vous aime depuis si longtemps, je n'aurai jamais rien... rien obtenu de vous.

Elle sourit tristement ; et, posant sa main sur mon front brûlant, elle murmura ce mot : Insensé !

— Oui, m'écriai-je, je suis un insensé, à qui vous avez ravi le repos et le bonheur, un insensé qui donnerait sa vie et son sang pour un seul baiser de vous... Et comme elle cherchait à se dégager de mes bras : Mon Dieu ! m'écriai-je avec jalousie, avec désespoir, est-il possible que quelqu'un ait jamais été assez heureux pour que vous fussiez à lui !

Dans ce moment, monsieur, je vis un sourire contracter ses lèvres... un sourire railleur... Oui, c'était cela, un sourire railleur et ironique que je ne puis vous rendre, mais qui me mit hors de moi... et depuis ce temps... toujours aussi froide, aussi sévère, ne m'accordant jamais rien, et cependant si dévouée, si bonne... si tendre que... Tenez... monsieur, je déteste cette femme-là ; et maintenant que vous la connaissez, que me conseillez-vous ?

— Je vous répondrai comme le docteur : Voulez-vous être guéri ?

— Oui, je le veux cette fois ! je le veux de toutes les forces de mon âme.

— Eh bien !... il faut l'oublier : il faut vous marier !

— C'est l'avis de ma mère, qui m'en prie tous les jours, et je m'occuperai de la personne que l'on me propose... je retournerai à Paris.

— Quand cela ?

— La semaine prochaine.

— C'est trop tard ! lui dis-je ; aujourd'hui même, vous partirez avec moi, ou vous êtes un homme sans énergie et sans courage.

Et Georges partit, décidé à se marier.

VII.

Il paraît que mes conseils ou mes reproches avaient eu quelque influence sur Georges. Il tint bon, il resta à Paris, ne vit plus la duchesse, qui était restée dans son château, et il s'occupa, ou plutôt il laissa sa mère s'occuper activement de son mariage. C'était un parti honorable sous tous les rapports, une bonne famille, une belle fortune. Une jeune personne fort bien élevée, pas très jolie ; mais, eût-elle été un modèle de beauté, Georges, dans ce moment, n'en aurait pas été amoureux... il ne s'agissait pas d'inclination, nous n'en avions que trop... Il suffisait d'un mariage de convenance, et celui-ci offrait toutes les garanties désirables... On s'était déjà entendu sur les conditions principales, et plus le moment approchait, et plus Georges, malgré la gaîté qu'il affectait, me semblait triste et malheureux : je me repentais presque du conseil que je lui avais donné ; mais sa mère en était si contente et me remerciait tant !...— J'ai cru perdre mon fils, me disait-elle, j'ai tremblé pour ses jours, ou du moins pour sa raison... car il avait des heures entières de folie et de délire où il ne me reconnaissait plus, moi, sa mère, et où il me parlait d'*Elle*. Voilà comment j'ai su son secret... mais maintenant, monsieur, il est plus difficile est fait... Il est engagé, il a donné sa parole ; pour rien au monde il ne voudrait y manquer et faire du tort à une famille d'honnêtes gens... Ainsi le voilà sauvé... il sera heureux !... Cette idée, et surtout la confiance de sa mère dissipèrent mes craintes sur l'avenir de Georges : il devait y avoir dans l'instinct maternel plus de réalité que dans mes prévisions. Je les laissai donc s'occupant déjà de la corbeille et des préparatifs du mariage, qui devait avoir lieu vers la fin du mois. Je retournai à la campagne surveiller mes ouvriers et promettant de revenir à Paris pour la noce.

L'époque en approchait, et je calculais déjà mon départ, lorsqu'une voiture entra dans ma cour, et Georges en descendit avec cet air de fureur que je lui connaissais et qu'il avait toujours quand il s'agissait de la duchesse. En effet, c'est encore d'elle qu'il était question.

— Et votre mariage ? lui criai-je.

— Rompu à tout jamais !

— Par vous ?

— Non, cela ne vient pas de moi ; j'avais promis, et j'aurais tenu ma parole quand j'aurais dû en mourir, parce que cela me faisait du bien : cela m'était nécessaire ; j'étais heureux de lui prouver que je l'avais oubliée et que je ne l'aimais plus... J'avais déjà tous mes papiers ; nous avions jeté avec le notaire le projet de contrat, lorsque mon futur beau-père s'avisa d'aller aux informations... d'abord dans notre cercle, dans nos alentours, où tout m'était favorable ; mais là il apprend que je vais souvent chez le duc et la duchesse, que je suis presque un ami de la maison, et, dans son orgueil bourgeois, flatté de voir confirmés par eux les renseignemens qu'il avait déjà sur mon compte, il arrive ! Le duc était très souffrant, et il paraît que c'est Nisida qui le reçut.

J'ignore, mon ami, ce qu'elle a dit de moi, de mon caractère, de ma conduite... beaucoup de bien, sans doute, selon son ordinaire... mais tourné d'une manière telle et avec tant d'adresse, que mon honnête homme de beau-père, qui n'est pas fort et n'entend pas malice, est revenu tout effrayé des éloges qu'on m'avait prodigués... et, par un détour plein de convenance et de délicatesse, il nous a exprimé tous ses regrets en nous disant que, pour se marier, sa fille était trop jeune encore.

— C'est peut-être vrai!

— Elle l'est moins qu'il y a deux mois, quand il me l'a accordée, et il est évident que c'est une suite de son entrevue avec la duchesse... dont la conduite est affreuse... c'est-à-dire que c'est une ennemie déclarée, qui m'en veut, qui cherche à me nuire, que c'est entre nous maintenant une guerre ouverte, une guerre à mort. Il en sera de même de tous les mariages que je voudrai contracter... Il n'y a plus moyen maintenant d'y songer, et il faut y renoncer.

— Malheur auquel vous vous résignez facilement. Voie indirecte pour revenir à elle!

— Non pas, s'écria-t-il vivement, cela ne m'empêchera pas de la fuir : je quitte Paris, je quitte la France.

— Eh! mon Dieu! où allez-vous donc?

— En Afrique!... à Constantine, le seul endroit où l'on se batte à présent; je viens vous faire mes adieux. Vous voyez que je suis calme et résigné... que mon parti est pris; que le temps de la faiblesse est passé.

— Et vous ne la verrez pas avant votre départ?

— Non, j'y suis résolu, dit-il d'un ton ferme.

— Vous avez raison.

— Oui, j'ai raison... car je ne partirai pas. Puis rougissant de ce souvenir : Adieu, me dit-il, vous ne me reverrez plus, ou vous me reverrez guéri !

Quelques jours après, il était à Marseille et voguait vers l'Afrique, où son régiment allait rejoindre le maréchal Clauzel. Il assista à cette première campagne, si pénible et si désastreuse : il m'écrivit :

« Nous n'avons point réussi. Je n'ai été que blessé, j'espé
» rais mieux ; mais le malheur s'attache toujours à moi ; rien
» de ce que je veux n'arrive. Je ne puis vivre heureux, ni
» mourir glorieusement. Ma blessure sera longue, mais non
» pas dangereuse. Dites-le à ma mère, et après elle, aux per
» sonnes qui pourraient s'intéresser à moi... s'il y en a en
» core. »

Ce qui signifiait : allez voir la duchesse; donnez-lui de mes nouvelles; et de plus cela voulait dire : donnez-moi des siennes ! ce que la raison eût peut-être blâmé... Mais ce pauvre garçon était malheureux et souffrant; je n'eus pas le courage d'être raisonnable, et, pour lui donner la légère satisfaction qu'il me demandait, je me rendis au château et m'informai de la santé de mon noble voisin.

Le duc était fort mal, sa femme ne quittait pas son appartement; je fus témoin des soins touchans qu'elle lui prodiguait, et le docteur me dit à demi-voix. « C'est toujours ainsi depuis deux mois ; si jeune, si délicate et si courageuse ! Elle passe les nuits auprès de ce vieillard égoïste et morose, et le soigne comme un père. Il est vrai qu'elle eût été sa petite-fille... mais ce n'est pas une raison. » J'admirais combien lui tant de bonté unie à tant de charmes! Plus je regardais ce front calme et serein, siège de la candeur et de la vertu... et moins je pouvais ajouter foi aux idées de Georges. La porte s'ouvrit; entra le major. J'observai avec attention; à peine si elle s'aperçut de sa présence, et, sans jeter les yeux de son côté, elle continua la lecture qu'elle faisait au vieillard ; c'était celle du journal. NOUVELLES EXTÉRIEURES. Armée d'Afrique... A ce mot, sa voix baissa, et à mesure qu'elle lisait le récit de l'assaut et de la retraite, ses mains tremblaient, sa voix devenait plus brève, moins intelligible et plus pressée... comme si elle eût hâte d'arriver à la fin du bulletin... au point que son mari lui cria plusieurs fois : Pas si vite; et le major Hollydai, ennemi naturel de la vivacité, attesta lentement qu'il n'y avait pas moyen de la suivre.

— Recommencez, lui dit le duc.

La pauvre femme eut un mouvement d'angoisse impossible à décrire, et cependant, après avoir levé les yeux au ciel comme pour lui demander du courage, elle allait reprendre l'éternelle lecture. J'eus pitié d'elle, et, pour abréger son tourment, je déclarai que j'avais des nouvelles directes et récentes de l'événement, une lettre de M. Georges. Tous ceux qui étaient là, et même le malade, firent un mouvement, excepté Nisida,

qui restait immobile; mais elle jeta sur moi un regard qui semblait me remercier, un regard où brillait une tendresse si vive et si pure !... les anges doivent regarder ainsi, et, dès ce moment, sa cause fut gagnée. Je ne me chargeais de rien comprendre ni de rien expliquer... ce que je savais et ce que j'aurais juré, c'est qu'elle n'était point coupable.

A peine avais-je fini ma lecture, que son front avait repris sa sérénité habituelle. Elle me chargea de quelques mots de bienveillance et d'amitié pour M. Georges; puis, reportant les yeux vers son mari, elle ne le quitta plus, ne s'occupa plus que de lui, comme si elle eût voulu expier par un nouveau zèle le peu d'instans donnés à une autre pensée qu'à celle de ses devoirs.

Par malheur, des soins si généreux et si assidus devaient être inutiles ; le docteur avait prophétisé juste, et le duc, condamné par son âge plus encore que par la Faculté, laissa bientôt un beau château, une veuve charmante et une fortune immense.

La duchesse passa les six premiers mois de son deuil seule à la campagne avec son fils ; elle ne voulut voir personne; elle ne reçut personne, pas même son cousin le major ; circonstance dont je pris note.

Il est vrai que, bien avant l'année écoulée, le château avait été rouvert à la société; toute celle des environs y affluait. Le major n'y demeurait plus, mais on l'y voyait très souvent, et bien d'autres encore, tous les élégans de Paris; ceux du moins qui aiment les jolies veuves et les grandes fortunes, venaient assidûment, et il y en avait beaucoup. Nous avions même fait du tort aux courses de Chantilly, et le maître de poste de La Ferté prétendait, avec un sentiment de fierté pour le pays, qu'il n'avait jamais vu autant de calèches que cette année.

Une nouvelle, cependant, diminua l'ardeur des prétendans ; on apprit que le major Hollydai, le plus proche parent du défunt, s'était mis sur les rangs et affichait hautement ses prétentions à la main de sa cousine.

Bientôt le bruit courut que sa recherche était agréée. Il y eut des paris pour et des paris contre ; toujours comme aux courses de Chantilly.

Quant à moi, je l'avoue, je tremblais, et n'aurais osé parier maintenant pour personne.

L'année de deuil était écoulée depuis un mois, et des personnes bien instruites, entre autres notre maire, qui le tenait d'un de ses confrères d'une commune voisine, assuraient que la première publication serait pour dimanche prochain.

Je réfléchissais à tout cela au coin de mon feu, lorsque ma porte s'ouvrit, et un officier me sauta au cou : c'était mon ami Georges, qui s'écria : « A nous cette fois-ci à nous Constantine ! Toutes les campagnes, par bonheur, ne se ressemblent pas, et les succès de cette année ont glorieusement réparé l'échec de l'année dernière. Notre artillerie a fait des miracles. C'est un général d'artillerie qui avait le commandement en chef, et qui va, dit-on, être nommé maréchal. »

— Tant mieux, les officiers qui ont commandé sous lui vont sans doute aussi avoir de l'avancement.

— C'est possible... Mais vous savez que je n'ai pas d'ambition. Tous mes désirs étaient de revoir la France et de retrouver mes amis.

— Il y en a, lui dis-je, que vous ne retrouverez pas : le duc est mort.

— Je le savais, me dit-il d'un air préoccupé... et il garda le silence.

Je devinais bien ce qu'il attendait de moi. Il ne voulait pas me parler de la duchesse ; mais il espérait que, le premier, j'amènerais la conversation sur ce sujet; j'y avais une répugnance mortelle : les mauvaises nouvelles s'apprennent toujours assez vite.

Je revins donc à Constantine ; il ne me répondit que par des monosyllabes. J'insistai de nouveau, et, cette fois, il me reçut comme un Bédouin, comme un Arabe, comme il n'aurait pas reçu Achmet-Bey lui-même.

— Parbleu ! me dit-il avec impatience, nous avons le temps de parler batailles ; quelles nouvelles en ce pays-ci ?

Il fallut bien alors lui faire part de la demande en mariage du major irlandais.

— Cela devait être, me répondit-il froidement ; je devais m'y attendre... Il est tout naturel qu'elle épouse le père de son enfant... C'est convenable. Et a-t-elle accepté ?
— On dit que oui.
— Et quand ce mariage ?
— Très prochainement, à ce qu'on dit.

Alors il devint furieux et s'emporta contre la duchesse, selon son habitude ; car sa vie entière n'était qu'une colère continuelle contre elle ; lui qui, pour tous les autres, était l'indulgence et la bonté mêmes.

— Mais, lui dis-je, vous approuviez tout-à-l'heure ce mariage ; vous le trouviez convenable.

— Je ne dis pas non ; mais puis-je trouver convenable une union aussi prompte ! Au bout d'un an, à peine veuve, n'est-ce pas blesser toutes les bienséances que d'afficher une tendresse si vive et si empressée... elle qui me jurait, avant mon départ, qu'elle ne l'aimait plus... Mais dès qu'elle le disait, je ne devais en rien croire... car cette femme-là a passé toute sa vie à me tromper ou à se jouer de moi.

Et il marchait à grands pas dans la chambre, et probablement Nisida n'en eût pas été quitte pour cette première tirade. D'autres allaient suivre immanquablement, lorsque Georges fut arrêté dans son premier accès par l'entrée du maire, qui avait un air de triomphe.

Je devinai qu'il avait une nouvelle. C'est quelque chose en province qu'une nouvelle dont on est possesseur. C'est de l'occupation et de l'importance pour toute une journée !

VIII.

— Une nouvelle ! s'écria monsieur le maire, une nouvelle étonnante et imprévue ! La duchesse ne se marie pas !... le major est refusé... positivement refusé. Il a repris des chevaux pour Paris ; la nouvelle est certaine.
— De qui la tenez-vous ?
— Du maître de poste.

D'après une pareille autorité, le doute n'était plus permis, et j'éprouvai un vif mouvement de joie. Quant à Georges, il venait de s'emporter trop violemment contre Nisida, et sa colère était montée trop haut pour redescendre brusquement et sans transitions. Aussi, après le départ du maire, murmura-t-il entre ses dents :

— Qui sait si cela est vrai ? qu'en sait-elle elle-même ? Elle a tant de bizarrerie, tant de caprices... Et pourquoi refuser son cousin ? pour faire quelque autre choix qui ne vaudra pas mieux.

— C'est possible, lui dis-je en le regardant, ou pour rester libre.

— Oui, vous avez raison, s'écria-t-il, saisissant avidement une occasion de reprendre sa colère... pour être libre et coquette à son aise, pour tenir la balance entre vingt rivaux, pour les désespérer tous et n'en choisir aucun.

— Vous êtes bien sévère envers elle.

— Je suis juste... après la manière dont elle m'a traité, après tous les torts qu'elle a eus envers moi.

— Il serait plus généreux de les oublier, maintenant surtout qu'elle est malheureuse.

— Malheureuse ! s'écria-t-il avec émotion. Vous croyez qu'elle est malheureuse ?... Et toute sa colère tomba.

— Elle a besoin de la présence et de la consolation de ses amis. N'irez-vous pas lui faire une visite ?

— A quoi bon ? Entourée comme elle l'est, aura-t-elle seulement le temps de me recevoir ?

— Qu'importe ? vous laisserez votre nom... vous aurez du moins rempli un devoir indispensable. Vous lui devez une visite de deuil et de condoléance.

— Vous le pensez ?

— Vous ne pourriez y manquer... quand vous devriez vous faire violence.

— Allons donc ! puisque vous le voulez... j'irai demain.

Puis il reprit et ajouta :
— Je ne pourrai pas.
— Allez-y ce soir.

— Il fait bien mauvais temps, et ce n'est guère agréable, n'importe !

D'un air de mauvaise humeur, il prit son chapeau et partit. Le pauvre garçon en mourait d'envie.

Ce qui se passa dans cette entrevue... je ne l'ai su que depuis ; mais il me l'a répété tant de fois, qu'il me serait impossible d'en oublier un mot !

D'abord, ce ne fut pas sans une émotion bien grande que Georges aperçut de loin ce château qui renfermait son bonheur, son tourment et toutes ses espérances ! Elle était libre, il est vrai, mais en serait-il plus avancé ? Et quel accueil allait-il recevoir ? Jamais, se disait-il, elle ne m'a avoué qu'elle m'aimait ; et, rappelant à son souvenir tout ce qui s'était passé entre lui et la duchesse... il était obligé de convenir que, fidèle à tous ses devoirs, elle ne s'était montrée à lui que comme une amie tendre et dévouée ; que, du reste, inflexible et sévère, elle ne lui avait jamais accordé la moindre faveur, ni donné le moindre espoir... et, si réellement elle n'avait pour lui que de l'amitié, pourquoi changerait-elle maintenant ?

Il entra dans la cour du château ; le cœur lui battit en demandant madame la duchesse, et bien plus fort encore quand on lui eut répondu qu'elle était seule au salon.

— Ah ! elle est seule !... dit-il avec embarras. Dans ce moment, il eût presque mieux aimé qu'il y eût du monde ; mais il n'avait pas le choix : il monta lentement les degrés en pierre du vaste escalier, traversa l'antichambre où se tenaient plusieurs domestiques portant encore la livrée de deuil. L'un d'eux ouvrit les grandes portes du salon : madame n'y était pas. Georges eut un mouvement d'effroi. Elle était dans un très petit boudoir attenant à la pièce principale, et quand on annonça monsieur Georges, elle se leva et lui fit signe de s'asseoir.

Du reste, ni étonnement, ni émotion..... Le domestique sortit.

Georges fut d'abord atterré d'une réception aussi cérémonieuse : la froideur de la duchesse le gagna malgré lui, et, balbutiant avec peine quelques phrases banales, il lui demanda des nouvelles de sa santé.

— Très bonne, répondit Nisida en s'inclinant. La conversation en resta là, et Georges, pour la ranimer, lui dit :

— Vous êtes seule dans ce vaste château ?

— J'attends du monde... des amis qui doivent arriver ce soir et venir passer quelques jours avec moi.

Georges n'osa pas demander qui l'on attendait ; mais il répéta : Ah ! ce sont des amis qui doivent arriver ?...

— Oui, monsieur.

La conversation s'arrêta encore. Cette fois ce fut la duchesse qui reprit la parole.

— Vous venez de Constantine, monsieur Georges, dit-elle.

— Oui, madame.

— On assure que cela a été admirable ! et Georges, interdit... calculant en lui-même si, pour soutenir la conversation, il n'allait pas être obligé de faire le récit du siège, lorsque, en ce moment, plusieurs voitures roulèrent dans la cour, et Georges bénit les importuns qui venaient interrompre ce pénible tête-à-tête.

Les portes du salon s'ouvrirent brusquement : on entendit marcher ou plutôt courir. Quelqu'un se précipita dans le boudoir : c'était Julia, qui, apercevant Georges et la duchesse, dans cet endroit retiré, tous deux, le soir en tête-à-tête... s'écria en riant et en embrassant Georges : Enfin, vous savez tout, l'inconnue s'est fait connaître !

Georges, stupéfait, hors de lui... poussa un cri de surprise, ou plutôt d'effroi, en voyant tomber la duchesse sans connaissance sur le divan du boudoir.

— Quoi ! vous ne saviez pas !.. s'écria Julia désolée. Malheureuse, qu'ai-je fait ? Voici mon mari et mon frère qui entrent dans le salon ; courez au devant d'eux... je reste auprès d'elle.

Et Georges, sans savoir ce qu'il faisait, s'élança dans le salon, où il reçut les embrassements du comte de Vareville et de Constantin, qui arrivaient de leur ambassade. Constantin avait commencé, sur ses succès diplomatiques, un récit dont Georges n'avait pas entendu un mot, lorsque rentra Julia

— Ne vous effrayez pas, dit-elle. La maîtresse de la maison est un peu indisposée; dans une demi-heure il n'y paraîtra plus : elle me charge, en attendant, moi, son amie intime, de faire les honneurs et de commander à sa place. A dix heures le souper ; d'ici là, chacun peut s'installer dans ses appartemens.

— Bravo! s'écria Constantin. Je ne suis pas d'une tenue présentable, pas plus que monsieur l'ambassadeur ; et quand il s'agit de faire sa cour à une jeune et jolie veuve, il faut paraître avec tous ses avantages.

Les deux hommes sortirent du salon : il était temps, Georges n'y tenait plus... il suffoquait. Mais, grâce au ciel, il était libre... il était seul avec la comtesse, et, dans un trouble inexprimable, il tomba à ses pieds.

— Que faites-vous? que faites-vous? lui dit-elle en riant; Georges, mon ami, vous vous trompez! vous n'avez rien à me demander, rien à attendre de moi... qu'un récit... que je vous dois depuis longtemps, j'en conviens, et je suis prête à m'acquitter... si vous voulez vous relever, vous asseoir à côté de moi, vous calmer, et surtout ne pas trembler comme vous le faites, ni regarder à chaque instant du côté de ce boudoir parce que, lorsque je parle, j'aime qu'on m'écoute; d'ailleurs, Nisida n'y est plus. Ce boudoir donne dans ses appartemens, et elle vient d'y remonter.

Georges alors promit attention et silence ; et, sans aucun préambule, la comtesse lui dit :

— « Nisida est mon amie intime ; nous avons été élevées ensemble. Plus âgée qu'elle, je fus mariée la première ; plus tard, et bien malgré moi, sa famille lui fit épouser le vieux duc de ***, qui était d'origine irlandaise, pair d'Angleterre et pair de France, ami et favori du roi Charles X. Tout se trouvait dans ce mariage... excepté un mari. De plus, il y avait un cousin, seul parent et seul héritier du duc... le major Hollydai, qui était furieux de se voir enlever une si belle succession ; mais il se consola en pensant que son illustre parent était presque septuagénaire, qu'il n'y avait pas à craindre d'héritier direct, à moins de grands malheurs, et, ces malheurs... il voulut les prévenir autant qu'il était en son pouvoir. Il ne quittait point sa jeune cousine, il la surveillait avec une assiduité et un zèle qu'on aurait pris pour de l'amour ou de la jalousie, mais qui étaient tout uniment de l'intérêt. Au spectacle, au bal, en soirée, la vue d'un adorateur ou d'un simple attentif... lui donnait la fièvre ou le glaçait d'effroi... il employait tout au monde pour les éloigner, et le duc avait chez lui, sans s'en douter, et dans la même personne, un Sigisbé précieux et une duègne incorruptible qui ne lui coûtaient rien.

» Le pauvre major se donnait du reste une peine bien inutile. Sage et vertueuse par religion et par principes, jamais personne n'eut plus que Nisida le sentiment de ses devoirs et de sa propre dignité. Aussi, le malheureux et défiant cousin commençait à se rassurer sur son héritage, qui, chaque jour, devenait plus probable et ne pouvait guère lui échapper : ce n'était plus qu'une question de temps, lorsqu'une nouvelle inouïe, inconcevable, prodigieuse, se répandit dans le faubourg Saint-Germain : le vieux duc de ***, à la seconde année de son mariage, en 1831, allait avoir un héritier. C'était un miracle de la Providence, qui ne permet pas l'extinction des grandes familles ; et la preuve évidente, c'est que la duchesse eut un garçon... Le vieux duc pensa en mourir de joie, et le major se mit au lit. Il était sérieusement malade et manqua d'aller rejoindre sa succession défunte!

» Tels furent les effets de ce grand événement... Quant à la cause, tout le monde l'ignorait, excepté moi !... et une autre personne peut-être qui n'en fut pas plus avancée pour ça... »

Et la comtesse regarda Georges, qui redoublait d'attention. Elle continua :

« Vous rappelez-vous, monsieur, le mois de juillet 1830, et la brillante société que j'avais réunie dans mon château d'Orsay? monsieur Georges y était, et beaucoup de jolies dames! mais Nisida, que j'avais aussi invitée, n'avait pu venir. Elle était restée à Saint-Cloud avec la cour, où se préparaient alors de graves événemens. Son mari, un des conseillers, un des confidens intimes du roi, ne pouvait quitter son maître dans une circonstance aussi importante. Nous, pendant ce temps, loin de nous douter de l'orage qui grondait, nous dansions dans mon salon et faisions de la musique, lorsqu'on vint me dire mystérieusement à l'oreille que quelqu'un demandait à me parler. Je sortis et trouvai dans une salle basse Nisida, qui venait d'arriver à pied et déguisée. Je jetai un cri de surprise. — Silence, me dit-elle ; et elle m'apprit rapidement comment, en trois jours, un trône et une dynastie venaient de s'écrouler!...

» Le duc avait perdu la tête ; et de plus fortes que la sienne n'y auraient pas résisté. Il était persuadé que les horreurs de la première révolution allaient se renouveler ; que ses jours allaient être mis à prix et ses biens confisqués ; que lui, favori du roi, on le poursuivrait pour le massacrer; qu'il fallait à la hâte gagner la frontière et émigrer de nouveau... Mais à qui se fier, et comment faire pour ne pas être reconnu?

» Sa jeune femme, qui seule avait conservé du sang-froid et du courage, avait pris et cousu dans ses vêtemens de l'or et des billets ; puis, sans demander conseil à personne, elle avait affublé son mari d'une redingote de palfrenier, elle d'un mauvais châle ; était sortie de Saint-Cloud, montée hardiment dans une petite voiture de la banlieue jusqu'aux environs de Versailles. Là elle avait laissé son mari... chez ma nourrice à moi, une brave femme qu'elle connaissait ; puis, par les chemins de traverse, elle était venue à pied au château me dire : « Sauvez mon mari et faites-le sortir de France! » D'après son récit, il n'y avait pas de temps à perdre, et il fallait surtout que personne ne soupçonnât les proscrits auxquels j'allais donner asile : ce qui n'était pas facile avec vingt personnes et un nombreux domestique. Je commençai par éloigner Rose, ma femme de chambre, dont l'appartement donnait dans le mien, et qui nous aurait entendus ; sans compter que le cabriolet qui allait la mener jusqu'à Versailles, ramènerait le duc à Orsay sans éveiller le moindre soupçon. A onze heures du soir il était arrivé et nous étions tous réunis dans ma chambre, tenant conciliabule sur les mesures à prendre ; mesures bien inutiles pour l'événement, puisque, le lendemain, vu à deux lieues de chez moi, voyant tout rentré dans l'ordre, le duc et sa femme revinrent à Paris dans leur hôtel, sans avoir été, depuis, un seul instant inquiétés.

» Mais alors nous n'en étions pas là, et prévoyant quelques catastrophes, nous préparions, mon mari et moi, le déguisement de nos amis et leur fuite jusqu'à la frontière. Il était près de minuit, accablée par les événemens et la fatigue de la journée, la pauvre Nisida tombait de sommeil : je la conduisis à la chambre de Rose, que j'avais préparée près de la mienne pour elle et son mari ; et pendant que, dans la chambre à côté, le duc prenait avec nous les derniers arrangemens pour le départ du lendemain, elle se hâta de s'endormir, et... »

La comtesse s'arrêta en cet endroit, et, regardant Georges qui écoutait toujours, elle lui dit avec impatience :

— Pour la fin de l'histoire, monsieur, vous la savez mieux que moi.

La comtesse se trompait... depuis quelques momens Georges n'écoutait plus... il avait vu la porte du boudoir, et toutes ses pensées, toute son âme étaient là.

Nisida parut plus jolie, plus touchante que jamais, les yeux baissés, et tenant par la main un enfant aux cheveux blonds bouclés.

Georges courut se précipiter aux pieds de Nisida, saisit sa main, qu'il couvrit de larmes, ne pouvant murmurer que ce mot : Pardon! pardon !!!

Nisida baissa de nouveau les yeux sans lui répondre ; mais elle prit son fils et le jeta dans les bras de son amant... de son mari !

Ah! comme Georges le serra contre son cœur et le couvrit de ses baisers! comme alors il le trouvait beau!

Quelques jours après, mon ami Georges avait une immense fortune, un beau château et une femme charmante.

FIN DE LA MAITRESSE ANONYME.

www.ingramcontent.com/pod-product-compliance
Lightning Source LLC
Chambersburg PA
CBHW060614050426
42451CB00012B/2248